Bischof Reinhold Stecher

Martin Kolozs

# Bischof
# Reinhold Stecher

Leben und Werk

**styria** premium

# INHALT ___

Vorwort
Gedanken über die biografische Würdigung     7

1. „Mein kleines Paradies der Kindheit":
Aus den Wurzeln leben     9

2. „Nur apokalyptischer Schrecken":
Nationalsozialismus in Tirol und der Zweite Weltkrieg     19

3. „Die Botschaft Jesu Christi ist unüberholbar":
Lernen und lehren – Reinhold Stecher als Seelsorger
und Religionspädagoge     37

4. Einflüsse auf Reinhold Stecher     51
     Paulus Rusch und die Kirche im Gebirge     52
     Das Zweite Vatikanische Konzil     65

5. „Ich werde niemals eine ‚Exzellenz' sein,
aber ‚Herr Bischof' klingt doch auch recht gut":
Der (Volks)Bischof von Innsbruck     71

     „Wenn ihr standhaft bleibt, werdet ihr
     das Leben gewinnen": Die Seligsprechung
     von Pfarrer Otto Neururer     76

     „Es gibt immer wieder die Entfremdung
     vom Zentralen des Christentums ...":
     Der Streit um das „Handbuch der Engel"     85

„Der einzige Zwang, dem ich mich gegenübersehe,
besteht in der Verpflichtung zur Wahrheit und
zum Geist des Konzils": Der Fall Judenstein 91

„Ich wehre mich gegen eine Persönlichkeits-
zentrierung": Kein Bischof des Einheitsformats 117

„Rom hat seine Barmherzigkeit verloren":
Reinhold Stechers kritischer Brief an
Papst Johannes Paul II. 124

6. „So wird das Altern ein pastoraler Dienst":
Der Bischof im (Un)Ruhestand 135

7. In memoriam:
Ein fiktives Interview mit Bischof Reinhold Stecher 145

Anhang 157

Anmerkungen 157
Zeittafel 189
Personenverzeichnis 192
Quellenverzeichnis 199
Bildnachweis 202
Dank des Autors 203

# Gedanken über die biografische Würdigung

Zweifelsohne gehörte Bischof Dr. Reinhold Stecher zu den charismatischsten Persönlichkeiten der römisch-katholischen Kirche von Österreich und wird auch noch lange nach seinem Tod für sein vielfältiges Wirken und Schaffen über die Landesgrenzen Tirols hinaus aufrichtig verehrt werden. Er selbst beschrieb in seinem letzten Buch „Spätlese" das Leben als ein Geschenk, das er in seiner ganzen Fülle von Gott ebenso demütig angenommen, als auch der Verehrung seines Erlösers Jesus Christus über neun Jahrzehnte hindurch gewidmet hat: „Der strahlende Unendliche, der bei mir, der bei uns ankommt, das ist das Ewige Wort, der Sohn. In Ihm wird der Ewige der nahe Gott, der Gott bei uns. [...] Dass uns in Jesus Christus die unendliche Liebe so nahe rückt, sozusagen solidarisch bis zu unserer Armseligkeit als sterbliche und brüchige Wesen – das ist das tröstliche Geheimnis des Christentums."[1] Dieser Überzeugung seines Herzens folgend wurde Reinhold Stecher zu einem Volksbischof im ursprünglichsten Wortsinn und außerdem zu einem der meistgelesenen spirituellen Schriftsteller der Gegenwart, dessen Erfolg nicht ihm allein gereichte, sondern für zahlreiche karitative Zwecke im In- und Ausland verwendet wurde: „Diesen Traum [in einem Land leben zu dürfen, das anderen helfen kann] hat Gottes Vorsehung mir in meinem Leben in ungeahnter Weise erfüllt. Denn die Lawine des Segens rollt und rollt bis in diese Stunde."[2] Dadurch und durch vieles andere mehr, das in dieser Biografie zur Sprache kommen soll, ist Bischof Reinhold Stecher ein Theologe und Geistlicher geworden, der den Menschen seiner Diözese und überall sonst auf der Welt auf Augenhöhe begegnet ist, der es für wichtiger hielt, verstanden zu werden, als von der Kanzel herab zu dozieren, und der zeitlebens seinem Wahlspruch treu blieb: *„Servire et confidere –* dienen und vertrauen".

Demnach gibt es unzählige Zeugnisse der persönlichen Begegnungen, der privaten Erlebnisse und einzigartigen Erinnerungen in Zusammenhang mit Bischof Reinhold Stecher sowie ein Vielfaches von Verschüttetem und Vergessenem, das nicht mehr erzählt werden kann und in dieser Darstellung darum fehlen muss. Denn: „Jeder Mensch bleibt ein Rätsel, und es sei mir gestattet zu sagen: ein Kreuzworträtsel – in dem das eine Wort das andere ausbaut und ergänzt, aber es gelingt wahrscheinlich nicht, alle Kästchen auszufüllen."[3] Dessen eingedenk und im Selbstverständnis, dass ein Leben nur dann vollkommen wiedergegeben werden kann, wenn man dafür ein Leben lang Zeit hat, hat der Verfasser alle ihm zugänglichen Quellen nach eingehendem Studium und im besten Wissen und Gewissen in seine Arbeit einfließen lassen, um diese erste biografische Würdigung von Bischof Dr. Reinhold Stecher vorlegen zu können.

Martin Kolozs

# KAPITEL 1

# „*Mein kleines Paradies der Kindheit*" [4]

## Aus den Wurzeln leben

Oft hat Bischof Reinhold Stecher den Baum als Sinnbild beschrieben und auf die entsprechenden Stellen in der Bibel verwiesen: „Eines hat der Herr vom Baum wie vom Weinstock betont: dass die Vielfalt eine geheimnisvolle Einheit bildet, dass sich alles aus einem Stamm verzweigt, und sein Leben aus Wurzeln erhält, die in der Tiefe verborgen liegen."[5] Im Leben von Reinhold Stecher war mit Gewissheit die eigene Familie eine dieser kraftspendenden Wurzeln, welche ihm ebenso Halt und Sicherheit in seinen Kindheitstagen gab, wie sie auch eine Inspirationsquelle in den späteren Jahren seines vielfachen Wirkens geblieben ist.

Vor allem seine Mutter Rosa (geb. Harpf), eine Bäckerstochter aus Innsbruck-Wilten, wusste, wie mit dem manchmal recht ungestümen Reinhold umzugehen war, und hatte im richtigen Moment stets das passende Wort der Ermahnung parat – eine Notwendigkeit, war der kleine Bub doch der Zweitgeborene von insgesamt drei einander ziemlich ähnlichen Brüdern, die untereinander ebenso rauften wie mit den Kindern der Nachbarschaft und die wohl ihre Grenzen nach allen Richtungen hin ausgetestet haben. „Wenn ich den kleinen Zornbinggl in die Ecke gestellt und nach einiger Zeit gefragt hab, ob er wieder raus möchte", erzählte Rosa Stecher bei mancher Gelegenheit, „war die dickschädlige Antwort meistens: ‚Noch nicht!'", womit nicht nur eine launige Anekdote aus Kindheitstagen wiedergegeben war, sondern auch ein markanter Charakterzug von Reinhold Stecher aufgezeigt wurde, den Freunde von ihm „als durchaus ernst zu nehmende Lebensenergie, fallweise wohl auch als Hindernis, wo sich Trotz dazumischt",[6] beschrieben haben.

Der Vater, Heinz Stecher, entstammte einer Südtiroler Bergbauernfamilie aus St. Valentin auf der Haide[7] und war Lan-

*Ansicht von Mühlau, 1920er-Jahre*

desschulinspektor mit einer Kanzlei in der Innsbrucker
Hofburg geworden. Zudem galt er als ein leidenschaftlicher
Germanist, der zu Hause eine große Bibliothek eingerichtet
hatte und dadurch vor allem die musische Erziehung seiner
Söhne vorantrieb: „So wurde das Lesen in meiner Kinder-
und Gymnasialzeit zu einer wichtigen Beschäftigung"[8], erinnerte Reinhold Stecher sich noch später. Auch gemeinsame
Gesangsabende und Theateraufführungen fanden im Hause
Engergasse 108 (heute: Anton-Rauch-Straße 33) in Mühlau[9]/[10]
regelmäßig statt: „Das Haus hat mein Großvater 1908 gebaut,
und wir haben ebenerdig gewohnt. Da vorne im Erker wurde
ich am 22. Dezember 1921 geboren. Im ersten Stock war die
Familie Diesner, und die Gerhild Diesner wurde die später be-
rühmte Malerin. Wir haben miteinander gespielt."[11]

In Mühlau, das erst 1938 im Zuge der Bildung von Großge-
meinden unter der NS-Herrschaft der Stadt Innsbruck einge-
meindet wurde, verbrachte Reinhold Stecher die ersten zwölf

Lebensjahre – hier ging er in den Kindergarten und spielte auf dem Dorfplatz, der damals noch keinen modernen Umbau hatte: „Es war überall viel Natur, von den weiten Innauen hinauf über die Hügel zu den schlafenden Wäldern am Eingang der Mühlauer Klamm, wo wir als Kinder auf der Teufelskanzel, die dort herausragt, herumgeklettert sind."[12]

Bereits mit fünf Jahren kam Reinhold Stecher in die Volksschule in der Fallmerayerstraße 7 nach Innsbruck, deren Besuch ihn auf wenigstens zwei Arten nachhaltig prägte: „Als der erste Schulbesuch näher rückte, kam es zu folgender kleinen Episode, an die ich mich noch so oft erinnern sollte. ... Die Mutter sagte zu mir: ‚Du kommst jetzt in die Schule. Und du wirst in deiner Klasse eine Menge Schulkameraden haben, die einen etwas anderen Glauben haben als wir. Aber merk dir eines: Man darf nie etwas sagen, was den anderen wehtut. ...' Wenn man mich heute fragen wollte, welche Erfahrungen in meinem Leben am meisten Einfluss zu Gunsten einer Haltung der Toleranz gehabt hätten, käme mir vieles in den Sinn: Persönlichkeiten mit einer Weite des Geistes, Bücher und theologische Vorlesungen, abstoßende Negativbeispiele von Intoleranz, primitive Vorurteile mit historisch verheerenden Folgen, die leuchtende Gestalt eines gütigen Papstes wie Johannes XXIII. – aber ich glaube, dass nichts so wichtig war wie dieses kleine Wort an einen Fünfjährigen. ... Für mich ist dieses unvergessliche Wort meiner Mutter ein Hinweis, dass jede echte Toleranz (und jede echte Gläubigkeit) eigentlich mit dem beginnt, was man Herzensbildung nennt, mit einem Fühlen für andere, einem Gespür für Rücksichtsvolles und Verletzendes. Wenn diese emotionale Grundlegung nicht da ist, nützt unter Umständen ein noch so intensiver intellektueller Überbau nicht viel."[13]

Einen zumindest ebenso tiefen Eindruck machte die dortige Begegnung mit dem später seliggesprochenen Märtyrerpfarrer Otto Neururer, der Anton Müller, den man seinerzeit besser als Schriftsteller Bruder Willram kannte, als Katechet an der Volksschule nachgefolgt war: „Er hatte mich als Sechsjähriger zur Erstkommunion geführt", erzählte Reinhold Stecher immer wieder in seinen Büchern. „Ich hatte ihn im Religionsunterricht zur Vorbereitung auf die Erstkommunion. Mir ist vom damaligen Religionsunterricht nicht viel in Erinnerung geblieben. Aber eines vergesse ich nie mehr. Er hat uns die heilige Wandlung in der Messe erklärt. Man hat einfach gespürt, dass er selbst ganz ergriffen war. ‚Kinder', hat er gesagt, ‚vor der heiligen Wandlung wird alles still, ganz still. Da singt niemand mehr und die Orgel hört auf zu spielen, nur im Turm droben beginnt eine einsame Glocke zu läuten. Und in dieses Schweigen hinein kommt Jesus. ...'"[14]

Diese lebendige Begeisterung für die Gestalt Jesus Christus ist auf Reinhold Stecher wie ein Funke übergesprungen und hat über die folgenden Jahrzehnte an Kraft und Gestalt zugenommen: Beginnend mit dem schlichten Kirchenlied „Jesus, dir leb' ich / Jesus, dir sterb' ich / Jesus, dein bin ich / im Leben und im Tod ...", das Otto Neururer ihm als Volksschüler beigebracht hatte, über seine frühe Verehrung des heiligen Franz von Assisi, der selbst nach dem Vorbild Jesu lebte und mit dem Stecher zeitlebens die Verbundenheit zur Natur teilte, sowie seine spätere Faszination für die jesuitische Tradition, die ihn als Student erstmals gefangen nahm und deren tragende Christozentrik ihm im *Collegium Canisianum* vorgelebt worden war, bis zu seinem eigenen Bekenntnissen in Büchern und zahllosen Predigten. „Man kann sich als Christ nie genug mit Christus befassen. ... Ein Christ sein – das heißt, von Christus erfasst sein, an Ihn glauben, nach ihm sich entscheiden und mit ihm im Leben stehen, von Ihm begeistert sein, allerdings ohne große Phrase. ... Er hat gesagt, dass Er der Weg sei. Das heißt, dass wir auf ihn persönlich angewiesen sind. Wir müssen auf Ihn vertrauen, auf Ihn schauen, mit ihm verbunden sein. Christ sein heißt, nicht nur eine Lehre annehmen, Gebote und Gesetze für richtig und weise halten, Christ sein heißt, mit Christus verbunden sein – natürlich, ihn auch zum Vorbild nehmen. Er muss mich am Seil haben, ich muss mich ihm anvertrauen, auch wenn es hinauf ins Unbekannte geht. [Wir] wissen, wie sich das persönliche Vertrauen zu Ihm ausdrückt: im tiefen gläubigen Gebet. [Wir] wissen, wo [wir] auf Ihn schauen: in der Schrift, im Wort Gottes. [Wir] wissen, wie wir mit Ihm verbunden bleiben: im Sakrament."[15]

Überhaupt waren der christliche Glaube und dessen Ausübung zwei wesentliche Bestandteile des alltäglichen Lebens von Familie Stecher. So gehörte in diesem Zusammenhang die Mitgliedschaft bei der „Katholischen Jugend" ebenso selbstverständlich dazu wie das gemeinsame Tischgebet oder der Ministrantendienst der drei Brüder Helmut, Reinhold und Gottfried in der Innsbrucker Altstadt: „Wir haben jeden Wochentag um 6 Uhr morgens und sonntags um 7 Uhr in der Hofkirche ministriert, aber alles freiwillig."[16]

Diese Freiwilligkeit war wohl auch ein Grund dafür, dass sich der Glaube bei Reinhold Stecher und seinen beiden Brüdern in Kindheit und Jugend voll entfalten und entwickeln konnte und dadurch an Weite der Einsicht und Tiefe der Frömmigkeit gewann, wodurch sich ganz natürlich Werte der Menschlichkeit verfestigten und damit ein Rucksack geschnürt werden konnte, der für den langen Lebensweg die Nahrung für Geist und Seele barg. Wie gefestigt und ehrlich dieser Glaube schon in frühen Jahren gewesen sein muss, zeigte sich vor allem während des ersten schweren Schicksalsschlags, welchen der kleine Reinhold zu verwinden hatte, als sein Vater 1928 plötzlich starb und seine Familie in erheblicher finanzieller Enge zurückließ, da er es verabsäumt hatte, seine eigene Gehaltserhöhung als Schulinspektor zu beantragen, weswegen auch die Witwenpension sehr klein ausfiel. Zudem hatte Rosa Stecher, eine als äußerst friedliebend geltende Frau, auf den Großteil ihres eigenen Familienerbteils verzichtet,[17] was die Situation noch zusätzlich verschärfte und 1933 wahrscheinlich den Umzug aus dem Haus in Mühlau nach Innsbruck, in die Adamgasse 17, in eine kleinere Wohnung unausweichlich machte.

*Die Brüder Gottfried, Reinhold und Helmut Stecher
(von links nach rechts), um 1939*

Reinhold Stecher seinerseits tat als junger Gymnasiast damals sein Möglichstes, um die erschwerten Umstände erträglicher zu gestalten: „Ich war in der Schule ziemlich brav, einschließlich guter Noten. Aber das hatte weniger mit hoch entwickelten Tugenden zu tun als mit unserer Situation, das heißt der Situation meiner Mutter. Sie war mit 37 Jahren [sic!] Witwe geworden und bezog für sich und uns drei Kinder eine sehr kleine Pension. Da ich schon der Zweite war, der aufs Gymnasium ging, hieß es sparen. Ich musste unbedingt ein Stipendium zu ergattern versuchen. Es gelang auch. Es betrug ganze 50 Schilling pro Jahr. Für dieses Stipendium, das im Herbst bei den Anschaffungen viel bedeutete, musste man in der Betragensnote eine Eins und ein Vorzugszeugnis haben. Dasselbe galt unter denselben Voraussetzungen für die Schulgeldermäßigung, die pro Semester von 56 Schilling auf 5 Schilling herunterging."[18] Schließlich besuchte er von 1931 bis 1938 das Innsbrucker Gymnasium in der Angerzellgasse 14, wo sich heute das Akademische Gymnasium befindet, und legte dort am 23. März 1938 seine Matura ab – nur zehn Tage nach der De-facto-Annexion Österreichs an das nationalsozialistische Deutsche Reich.

Noch bis an sein Lebensende sollte sich Reinhold Stecher an die Worte seines ehemaligen Geschichtelehrers Dr. Alois Böhm erinnern, der den bevorstehenden Zusammenbruch Österreichs und dessen Aufgehen im „Altreich" am Ende einer Unterrichtsstunde kritisch kommentierte: „In diesen Tagen entscheidet sich, ob Österreich unabhängig bleibt oder nicht. Wenn es nicht unabhängig bleibt, prophezeie ich Folgendes: Dann gibt es in Mitteleuropa eine Machtzusammenballung, die sich die anderen auf Dauer nicht gefallen lassen werden. Wir werden innerhalb von zwei Jahren einen zweiten Weltkrieg haben. Den werden wir genauso verlieren wie den ersten."[19]

Wie recht der Historiker damit behalten sollte und wie schrecklich die Konsequenzen daraus für Abermillionen unschuldiger Menschen auf der ganzen Welt sein würden, konnte Reinhold Stecher damals freilich nur erahnen. In einem konnte er sich hingegen von Haus aus völlig sicher sein: „Mit dem 13. März 1938 wurde jeder, der nicht mitmarschierte, ein Staatsbürger dritter Klasse. Und wir konnten, im Glauben von Elternhaus und Jugendbewegung geprägt, nicht mitmarschieren. Wir haben auch nie daran geglaubt, dass es zwischen Christentum und Nationalsozialismus je einen Kompromiss geben konnte."[20]/[21]

# KAPITEL 2

# „*Nur apokalyptischer Schrecken*"[22]

## Nationalsozialismus in Tirol und der Zweite Weltkrieg

Drei Tage nach seiner Matura wurde Reinhold Stecher zum „Reichsarbeitsdienst" eingezogen, eine dem Wehrdienst vorangehende Arbeitspflicht, die im nationalsozialistischen Deutschen Reich seit Juni 1935 jeder junge Mann und ab Beginn des Zweiten Weltkrieges auch jede junge Frau zu absolvieren hatte: „Man nannte dieses erdbraune, mit blinkenden Spaten exerzierende Heer hochtrabend die ‚Schule der Nation'. Ich war siebzehn Jahre alt und ging neun Monate[23] durch diese Schule, die im Wesentlichen darin bestand, mit Schleiferei und Drill das Denken möglichst auszuschalten. Alles eigene Denken wurde mit ‚Stillgestanden!', ‚Marsch-Marsch!', Spatengriffen, Paradeschrittklopfen und Liedergebrüll, mit Bettenbau und Stiefelkult, mit Schinderei bei der Schwerarbeit der Entsumpfung [des Gebiets um Ehrenwald] und Herumjagen auf dem Exerzierplatz bis zum Todmüdewerden [abgetötet]. Man schluckt die Sprüche und die Propaganda wie die undefinierbaren Bestandteile des Eintopfs. Irgendetwas bleibt bei den meisten weit unter der Bewusstseinsschwelle hängen. Für uns gab es eine einzige Abwehrkraft gegen diesen Wahnsinn: den Glauben. Er hatte auf einmal einen ganz anderen Stellenwert als in der Kinder- und Jugendzeit, die auf einmal so weit weg war wie ein fernes Märchen."[24]

Die Erfahrung, von einem zutiefst unmenschlichen System verpflichtet und auf eine gänzlich wesensfremde Ideologie eingeschworen zu werden,[25] ließ in Reinhold Stecher, der eigentlich in die Fußstapfen seines verstorbenen Vaters treten und Germanistik studieren wollte, den Entschluss reifen, auf Theologie umzusteigen: „Da hat das Erlebnis des Nationalsozialismus mitgespielt." So trat er gleich nach seiner Entlassung aus dem Reichsarbeitsdienst im Jahr 1939 ins Priesterseminar in St. Michael am Brenner ein, wohin es der erst kurz zuvor eingesetzte Bischof Paulus Rusch verlegt hatte. An der ursprünglichen Heimstatt in Innsbruck war die theologische Ausbildung von den Nationalsozialisten erheblich behindert worden, wie auch schon unter ihrem Druck das erste Ausweichquartier in der Gemeinde Volders aufgegeben werden musste. Allerdings dauerte es nicht lange und die Gestapo vertrieb die jungen Theologen auch aus dem Wipptal, weswegen Reinhold Stecher und seine Kommilitonen schließlich ihr Studium in St. Georgen am Längsee in Kärnten fortsetzten.

Diese ständigen Repressionen gingen nachweislich auf einen Mann zurück, der es sich nicht nur in den Kopf gesetzt hatte, die Priesterausbildung in Tirol und Vorarlberg zu erschweren beziehungsweise zu verunmöglichen – „Ich dulde kein Priesterseminar in meinem Land!" –, sondern ebenso das perverse Ziel verfolgte, Adolf Hitler zu dessen 50. Geburtstag am 20. April 1939 einen „klosterfreien Gau" zu übergeben: Franz Hofer, der seit dem 24. Mai 1938 unnachgiebig und mit schier grenzenloser Brutalität als Gauleiter herrschte.

Mangels einer größeren Anzahl von Juden in der Bevölkerung sowie kaum vorhandener kommunistischer und marxistischer Gegner[26] nahm der politisch ehrgeizige und äußerst selbstgefällige Hofer daher von Anbeginn die katholische Kirche ins Visier: „Man kann sich die Kirchenverfolgung nicht vorstellen, wie brutal diese in Tirol war."[27] Nach Auffassung der nationalsozialistischen Regierung waren die Orden und ihre Mitglieder nämlich der militante Arm der katholischen Kirche, die im Weltbild der neuen Herrscher keine Zukunft haben durfte und die es deshalb mit Stumpf und Stiel auszurotten galt.

So setzte im ganzen Land bald die sukzessive Aufhebung und Beschlagnahmung der Klöster und sämtlicher anderer katholischer Einrichtungen ein, wie am Beispiel der Schließung der Theologischen Fakultät und des von den Jesuiten geführten Canisianums eindrücklich gezeigt werden kann:

Wenige Wochen nach dem „Anschluss" Österreichs an das nationalsozialistische Deutsche Reich, am 12. März 1938, erfolgte die Aufhebung der Katholisch-Theologischen Fakultät in Innsbruck und im August 1939 wurde über den gesamten Jesuitenorden das Gauverbot für Tirol verhängt. Dies wurde unter anderem mit der „Neuregelung des österreichischen Hochschulwesens" beziehungsweise der „Angleichung des österreichischen Hochschulwesens an das Altreich anlässlich der Rückgliederung der Ostmark" begründet und führte als erste Maßnahme am 20. Juli 1938 zur Schließung der Theologischen Fakultät der Universität Innsbruck durch das Ministerium für innere und kulturelle Angelegenheiten in Wien mit Zustellung folgenden Dokuments:

*„Zl. 13543/Ia Wien, 20. Juli 1938*
*Auflassung der theologischen Fakultät Innsbruck*

*An das Dekanat der theologischen Fakultät,*
*zu Handen des Herrn Dekans oder*
*seines Stellvertreters, Innsbruck*

> *Im Zuge der Neuregelung des österreichischen Hochschulwesens wird die theologische Fakultät der Universität Innsbruck mit dem Tage der Zustellung dieses Erlasses aufgelöst. Über die dienstrechtliche Behandlung der Professoren werden gesondert Weisungen ergehen.*

> *Der Staatskommissar:*
> *Plattner (D fol 333)"*

Hugo Rahner, der seit März 1938 das Amt des Vizerektors des Jesuitenkollegs bekleidete, weil sich dessen Rektor Florian Schlagenhaufen nach dem „Anschluss" Österreichs an Hitlerdeutschland seiner Aufgabe nicht mehr gewachsen fühlte, skizzierte die Geschehnisse von damals wie folgt: „Am gleichen Abend des 22. Juli wurden die Bestände der Seminarbibliotheken aufgenommen, die Fakultätsräume blieben unter Polizeiaufsicht, und am 4./5. August fand die Übergabe der ehemaligen Fakultät an die Leitung der Universität statt. Das schien das Ende zu sein."

Ein symbolträchtiges – wenn letzten Endes auch hoffnungsloses – Ankämpfen gegen die neuen Umstände war ein Placet des Vatikans, welches erlaubte, im Konvikt Canisianum den Lehrbetrieb weiterzuführen, da es durch Papst Pius XI. zur „Pontificia Facultas Theologica" mit dem Recht, akademische Grade zu erteilen, erhoben wurde. Dennoch wurde „das Internat für Weltpriestertheologen, das Canisianum, das wir geleitet haben, enteignet". Aufgrund des „Gesetzes über die Unterbringung von öffentlichen Dienststellen" exekutierte Gauleiter Franz Hofer die vom Reichsstatthalter in Österreich erlassene Order vom 22. November 1938, das Gebäude des Canisianums mit den dazugehörigen Grundstücken dem Oberfinanzpräsidenten von Tirol zur Nutzung auf unbestimmte Zeit zu übergeben. Bis Jahresende hatten die Innsbrucker Jesuiten sämtliche Zimmer des Konvikts zu räumen, und letztlich nützte ihnen auch aller Widerstand und alles kompromissbereite Taktieren nichts mehr; sie hatten lediglich etwas Zeit gewonnen. Bereits am 1. März 1939 erfolgte die Übergabe des gesamten Canisianums, in dem auch jeglicher Lehrbetrieb eingestellt wurde. Unterdessen hatten die neuen Machthaber die Maske von Gesprächs- und Verhandlungsbereitschaft fallengelassen, fanden offene politische Repressionen gegen die *Societas Jesu* und ihre Niederlassungen in ganz Österreich statt, und es wurde den Jesuiten generell verboten, an Schulen zu unterrichten.[28]

Derartiges und noch Schlimmeres stand an der Tagesordnung und provozierte aufseiten des katholischen Widerstandes unterschiedlichste Reaktionen: „Ich muss gestehen, dass ich als 18-Jähriger ein Feindbild hatte", erinnerte sich Reinhold Stecher an diese Jahre, weil für ihn, wie für viele andere seiner Generation, Christentum und Nationalsozialismus fundamental unvereinbar waren. „Die Verfolgung hatte ein Schwarz-Weiß-Denken hervorgebracht: ‚Wer nicht für mich ist, ist wider mich.' Es gab so etwas wie eine Schlachtreihenmentalität. Es hat die Reife der späteren Jahre gebraucht, von diesem einseitigen Schema abzukommen, mildere Urteile zu fällen und Gemeinsamkeiten neu aufzubauen. Es gilt für jede Epoche die Bitte nach der heiligen Wandlung: Herr, lass deine Kirche wachsen in der Liebe!"[29]

Dieses Zitat ist menschlich umso beeindruckender zu lesen, führt man sich die weiteren Geschehnisse und das traumatisierende Durchlebenmüssen der folgenden Kriegsjahre vor Augen, die Reinhold Stecher folgendermaßen wiedergibt: „Meine Familie gehörte zu jenem Teil der österreichischen Bevölkerung, der dieses Regime von der ersten Stunde an als Schrecken erlebt hat."[30] So kamen alle drei Brüder hintereinander in Gestapo-Haft und wurden anschließend in den Kampfeinsatz geschickt.

Helmut Stecher, der Älteste, der 1938 als junger Franziskaner in Salzburg war und sich am sogenannten „Salzburger Fenstersturz"[31] beteiligt hatte, schreibt darüber in seinen Erinnerungen: „Der Salzburger Fenstersturz, der uns vier Wochen Exerzitien in der Polizeikaserne und im Landesgericht kostet, leitet diese bewegte Zeit ein. Trauer, Langeweile und andere Gefangenenhauspflanzen überwinden wir dank unserer Jugend und der erblichen Belastung franziskanischen Frohsinns." Später wird er nach Frankfurt an der Oder verlegt: „Zwei Wochen treibe ich in Sonderausbildung Bodenkultur. Dann tauche ich in der Masse der RAD-Männer unter, eine Nummer von den vielen. Manches wird mir am Anfang recht hart. Ausgang gibt es lange keinen und später einige Male am Sonntagabend. Zweimal gelingt es uns wenigen, einen Gottesdienst im kleinen Diasporakirchlein des Preußenstädtchens besuchen zu dürfen. Wir exerzieren mehr, als wir

*Adolf Hitler, vermutlich gezeichnet von Gottfried Stecher*

arbeiten ... Ja, unsere Waffe ist weniger der Spaten, mehr die
Hoffnung, dass es auch vorübergeht, ein guter Humor, wenn
es nicht gar zu sinnlos, seelenlos und brutal zugeht und man
mit dem Verbeißen und Hinunterschlucken nicht mehr nach-
kommt. ... Am 2. November 1938 heißt es Einrücken zum Ge-
birgs-Pionier-Ersatzbataillon 82 in Salzburg, Lager Alpenstra-
ße. Später ging es dann in die Steiermark, und dann kam der
Einsatz an der Front in Finnland und im hohen Norden."[32]
Gottfried Stecher, der jüngere und kongeniale Bruder von
Reinhold, der wie dieser künstlerisch begabt war und gerne
zeichnete, wurde 1941 verhaftet: „Er ist noch nicht sechzehn.
Aber er hat eine Führerstelle in der ‚Pflicht-HJ' aus weltanschaulichen Gründen abgelehnt, und er hat die Ministranten-
gruppe in Wilten geführt. Und außerdem fand die Gestapo
einige seiner wenig schmeichelhaften Karikaturen von Adolf
dem Großartigen ... Und darum ist er jetzt im Gefängnis und
wird von vier Gestapoleuten mit Stock auf dem Tisch die halbe Nacht verhört."[33]

Am 4. April 1945 fällt Gottfried Stecher, erst zwanzigjährig, bei einem Gefecht „irgendwo in der Gegend zwischen Oberschlesien und der Tschechei", kurz nachdem er seiner Mutter eine ermutigende Karte aus dem Kampfgebiet geschrieben hatte, die Reinhold Stecher über alle Jahre hinweg aufgehoben hat:

> „2. April 1945. Liebe Mama, mach' dir ja keine Sorgen um mich. Eben habe ich bei der heiligen Messe, die ein Divisionspfarrer feierte, ministriert und vorgebetet wie daheim. Ich war auch bei der heiligen Kommunion. Wir sind in Gottes Hand. Es kann kommen was will. Mit herzlichem Gruß, dein Gottfried ..."[34]

Derselbe Geist erfüllte wohl auch den Seminaristen Reinhold Stecher, dessen Glaube damals ebenfalls einen eindeutigen Hang zur Eschatologie hatte: „Man hatte auf weiten Strecken kaum eine Hoffnung, dass sich das Blatt wenden würde. Wer in der Sache Jesu Christi stehen wollte, musste den Blick auf die Ewigkeit richten und darauf, dass Jesus der Herr der Geschichte ist ..."[35]

Vielleicht wurde dieser endzeitliche Eindruck auch durch den gewaltsamen Tod des Pfarrers von Götzens, Otto Neururer, am 30. Mai 1940 im KZ Buchenwald verstärkt, der seiner priesterlichen Pflicht gehorchend das Martyrium unter der Nazidiktatur erlitten hatte – wie nach seinem christlichen Vorbild die Tiroler Priester Jakob Gapp und Franz Reinisch sowie der Provikar der Apostolischen Administratur Innsbruck-Feldkirch, Carl Lampert – und unmittelbar danach bereits in der Heimat als Seliger verehrt wurde. Reinhold Stecher, der die Beisetzung der Asche seines ehemaligen Volksschulkatecheten in Götzens, unter der Beteiligung von zahlreichen Beamten der Geheimen Staatspolizei, mitverfolgt hat[36] und der sich unter anderem später für dessen Seligsprechung bei Papst Johan-

nes Paul II. verwendete, verspürte dabei sehr wahrscheinlich das Anwachsen seines eigenen inneren Widerstandes, der ihn dazu drängte, selbst ein Zeichen nach außen hin zu setzen, auch wenn er von sich nie behauptete, ein Held gewesen zu sein: „In Wirklichkeit [kann man sich] nicht vorstellen, in welcher Lage ein ‚Dissident' in einem tödlich totalitären Staat ist. Man kann sich nicht vorstellen, mit welcher Urgewalt der Nationalsozialismus über die Menschen hereingebrochen ist, zum Teil mit imponierenden Veränderungen für das Elend der Arbeitslosen, mit neuen Machtgefühlen, ja Großmachtgefühlen in der Erinnerung an die dümmlichen Friedensdiktate von Versailles und St. Germain, die letztlich dem nationalen Fanatismus nur auf die Beine geholfen haben. Man kann sich nicht vorstellen, wie allein man in der Rolle des Nicht-Mitlaufens, des Menschen im Untergrund ist. Nur wenigen kann man trauen – und selbst denen, denen man trauen kann, darf man manches nicht sagen, damit sie nicht in den brutalen Verhörmethoden der Gestapo sich das herausholen lassen. Mein kleiner Bruder, der auch gefallen ist, war in der Gruppe der Prof. [Franz] Mayr [sic!], der bei Kriegsende vor dem Landhaus noch erschossen wurde. Mein Bruder hat davon weder uns Brüdern noch der Mutter etwas gesagt, weil wir alle schon in den Händen der Gestapo gewesen waren und darum sofort ins KZ gekommen wären. Die da heute ihre Vorwürfe an die Nicht-Nazis von damals schreiben, haben keine Ahnung, wie die Situation war. Polittyrannen muss man Widerstand leisten, bevor sie im Sattel sitzen. Und das war damals schon vorbei. Es gab nur noch eine einzige Macht, die effizient hätte auftreten können: die Wehrmacht. Und wir haben gesehen, dass das auch schiefgegangen ist. Sonst gibt es nur den moralischen Widerstand – und den mit hohem Einsatz: Verlust von Existenz, Laufbahn, Zukunft, Rechtsschutz, Freiheit, bis zum Leben."[37]
Dennoch nahm Reinhold Stecher die Gefahr auf sich und beteiligte sich an der Organisation einer verbotenen Wallfahrt

nach Maria Waldrast: „In Zusammenhang mit der Aufhebung des Klosters Maria Waldrast und der Sperre der beliebten Wallfahrtskirche schlägt auch unsere Stunde, meine und die meiner Freunde im Priesterseminar. Es findet eine Protestwallfahrt mit mehreren hundert Personen aus dem Wipp- und Stubaital statt, die demonstrativ vor der verschlossenen Kirche den Rosenkranz betet. Das war noch nie dagewesen. Am nächsten Tag schlägt die Gestapo zu: Etwa sechzig werden verhaftet, einen Kern behält man. ... Wir sind wochenlang in Einzelhaft, die einzige Unterbrechung sind die stundenlangen Verhöre."[38]/[39]

Zuerst kam Reinhold Stecher nach Innsbruck in die Gestapozentrale in der Herrengasse 1, wo er als „politischer Gefangener" wieder und wieder verhört wurde: „Wenn man hier hereingekommen ist, hat man jede Spur von Recht verloren. Es gab für dich keinen Rechtsanwalt, es gab für dich keine Vertretung, es gab für dich kein Beschwerderecht, es gab meistens nicht einmal eine Gerichtsverhandlung. Das heißt, du warst vollständig der Willkür ausgeliefert. Du stehst im Sträflingsgewand, halb verhungert, ungepflegt vor den Verhörern, von denen du weißt, dass sie vor keinem Mord zurückschrecken. Ich habe es selbst erlebt, dass man sich bei dieser Bearbeitung und diesen Methoden auf einmal wie ein Verbrecher fühlt. Erst in der Einsamkeit der Zelle kommt man wieder zu sich und sagt sich: Nein, die Verbrecher sind schon die anderen – du hast ja nichts Böses getan. Aber eines kann ich versichern, man hat keine heroischen Gefühle."[40]

Diese Erfahrung der völligen Ausgeliefertheit und der persönlichen Grenzen in der Gefangenschaft lassen Reinhold Stecher in späteren Jahren wohl auch immer wieder Partei für die sogenannten „Mitläufer" einnehmen und gegen die Vorwürfe der Nachgeborenen einschreiten, die unter anderem das Hinnehmen der Nazi-Gräuel durch große Teile der Zivilbevölkerung kritisieren: „Ich denke mir heute oft, wenn sie heute gescheit reden über die Nazizeit, man hätte damals mehr Widerstand leisten müssen: Die haben keine Ahnung, was es heißt, in einem solchen System Widerstand zu leisten. Das ist jedes Mal der Tod. Bei den Verhören wird einem gedroht: ‚Wenn Sie nicht sofort alles sagen, alle Namen, gehen Sie morgen ins KZ.' Einer von uns Verhafteten hat die Nerven verloren, als sie ihm die Uhr vorlegten und sagten, wenn er nicht in zwei Minuten alles sage, gehe es ab ins Lager. Ich habe ihm nie den leisesten Vorwurf gemacht. Wenn jemand meint, man habe da durchgehend heroische Gefühle – das ist nicht der Fall. Man hat Angst. Hie und da, in der Stille der Einzelzelle, kommt der Trost auf, dass man für die Sache Jesu steht und ein gutes Gewissen haben kann. Aber wenn man dann wieder Stiefel dröhnen hört und die Schlüssel rasseln zum nächsten Verhör, dann hat man Angst."⁴¹

Und vielleicht hat in diesem Zusammenhang auch das Wissen darüber entscheidend mitgespielt, dass etwa drei Jahre zuvor Otto Neururer dieselben Stationen dieser Tortur mitgemacht hatte, bevor er in Buchenwald sein Leben lassen musste, dass Reinhold Stecher erkannte, dass nicht jeder dazu bestimmt war, ein „Held" zu sein. Lange nach dem Krieg sollte er unter anderem einem ehemaligen SS-Mann wiederbegegnen, der ihn während seiner Gefangenschaft bewacht hatte, und mit ihm ein Gespräch über die Lebensumstände dieser gemeinsamen Vergangenheit beginnen: „Wenn man einen Menschen mehr kennt, werden die Urteile alle anders. Und da der liebe Gott von uns viel mehr weiß, hoffe ich auch, dass seine Urteile milder ausfallen."⁴²

Später wurde Reinhold Stecher dann aus dem Landesgerichtlichen Gefangenenhaus in der Schmerlinggasse in das Polizeigefängnis – dem ehemaligen Hotel „Goldene Sonne" – in der Adamgasse überstellt, nur wenige Hundert Meter von der Wohnung seiner Mutter Rosa entfernt. Von hier aus wurden an jedem Freitag die Transporte in die Konzentrationslager Dachau und Buchenwald organisiert, und auch dem „politischen Gefangenen" Reinhold Stecher wurde alsbald mitgeteilt, dass er auf einer der Sammellisten stünde: „Wir haben gewusst, was ein KZ ist. Normalerweise eine Reise ohne Wiederkehr. Vor allem dann, wenn ein Häftling mit dem Vermerk ‚RU' dorthin eingeliefert wurde. ‚RU' heißt ‚Rückkehr unerwünscht'."[43]

Die Zeit bis zum drohenden Abtransport wurde offiziell vor allem beim bewachten Im-Kreis-Gehen verbracht, aber bedingt durch einen bürokratischen Fehler war tröstlicherweise auch das geheime Abhalten der Eucharistiefeier möglich: „Durch einen offensichtlichen Irrtum der Gestapo werde ich mit meinem priesterlichen Freund Georg Schuchter in eine Zelle gesperrt. Ein äußerst mutiger Polizeibeamter namens Huber, der alles für uns wagt, schmuggelt uns Hostien und Messwein in die Zelle. Wir trainieren lange, bis wir alles blitzschnell verräumen können. Als Altar dient der winzige Klapptisch, darüber ein Taschentuch, als Kelch der Verschluss des Rasierseifenbehälters. Ich muss mich mit dem Hinterkopf vors Guckloch stellen, damit wir von dort nicht überrascht werden können. Dann wird die heilige Messe gefeiert."[44]

Es kann nicht eindeutig geklärt werden, was letztlich dazu geführt hat, dass Reinhold Stecher unerwartet von der Transportliste in eines der Konzentrationslager gestrichen und schlussendlich nach zweieinhalb Monaten Gefangenschaft freigelassen wurde. Als am wahrscheinlichsten anzunehmen ist eine geglückte Intervention durch den früheren Innsbrucker Bischof Paulus Rusch, der von Rosa Stecher sofort nach der Verhaftung über das Schicksal ihres Sohnes informiert worden war. Reinhold Stecher selbst sagte hingegen in etlichen Stellungnahmen darüber aus, dass er nicht wisse, was dieses „Wunder" bewirkt habe, gab aber auch wiederholte Male unmissverständlich an, dass er fest daran glaubte, es sei ein Werk des Märtyrerpfarrers Otto Neururer, den er seinerseits – nach dessen Seligsprechung im Jahre 1996 – als Patron für die Familie ebenso anrief wie als Fürsprecher für die Priester.[45]

Um der Gestapo und ihren willkürlichen Zugriffen zwischenzeitlich zu entkommen, schickte Bischof Rusch die verbliebenen Seminaristen auf einen Choralkurs nach Beuron in Deutschland. „Es ist der Tausch mit einer wunderbaren, fast unwirklichen Welt." Allerdings muss Reinhold Stecher davor noch einen Revers unterschreiben, „dass ich bei der geringsten politischen Beanstandung mit dem KZ zu rechnen hätte", und wird bald danach einberufen. „Nun kam ich nach einigen Wochen von dort nicht ins KZ, sondern an die Front. Ich war erst achtzehn, und da war ich als Kanonenfutter geeigneter."[46]

Im Herbst 1941 rückte Reinhold Stecher nach Landeck zur Winterausbildung in die 7. Gebirgsdivision „Bergschuh" ein, welche dazu bestimmt war, über Schweden abzuspringen – dieser Plan wurde jedoch fallengelassen, als in Schweden die Generalmobilisierung startete: „Als Theologe und ehemaliger Häftling werde ich nicht befördert. Es reicht nur bis zum Obergefreiten. Aber als Funker muss ich wenigstens nie schießen."[47]

Das neue Vorgehen der Machthaber sah demnach vor, am Krieg gegen die Sowjetunion teilzunehmen, der sich jedoch nicht wie geplant entwickelte, weswegen sich die Gewaltspirale ab Mitte 1941 in Russland stetig nach oben schraubte: „Ich habe die heulenden Sirenen und herunterjagenden Bomben heute noch im Ohr – und die gewaltigen Explosionen im gefrorenen Boden. Ich habe dem Wahnsinn gedient. Die Kälte, das Elend und der tausendfache Tod rundherum hatten uns gleichsam in Trance erstarren lassen. Ich erinnere mich noch gut daran. Man konnte und durfte keine Gefühle aufkommen lassen. Das Leben war ein böser Traum geworden. Es war, als wollte man die Wirklichkeit nicht recht zur Kenntnis nehmen. Und doch war sie da, mit ihrer ganzen Sinnlosigkeit und Angst. Und ich gebe eines ganz offen zu: Wenn Gott es nicht selbst gesagt hätte, dass er die Liebe ist – aus dem täglichen Lauf der Welt allein würde ich es nicht glauben."[48]

Reinhold Stecher nahm an einem der wahrscheinlich blutigsten Gefechte des Zweiten Weltkriegs, der Schlacht am Ilmensee im Kessel von Demjansk, teil, wo seit Anfang 1942 rund 100.000 deutsche Soldaten von der Roten Armee eingeschlossen um ihr Leben kämpften. Am Karfreitag desselben Jahres durchschlug die Kugel eines sibirischen Scharfschützen seinen linken Unterarm,[49] und er wurde nach Kaunas in Litauen ins Lazarett eingeliefert, wo er sich mit dem Wolhynischen Fieber (Schützengrabenfieber), einer malariaartigen akuten Infektionskrankheit, ansteckte, was ihn wiederum für einige weitere Wochen von der Front fernhielt. „Zunächst ließ sich also Kaunas gut an. Die große, für damalige Begriffe sehr moderne Klinik barg eine vierstellige Zahl von Verwundeten. Man war gut betreut und genoss den Traum eines weißen Bettes und eines von keinen Stalinorgeln und Panzergranaten gestörten Schlafes."[50]

Zwei Erlebnisse dieser Zeit hinterließen neben der körperlichen Verwundung und den viel schmerzlicheren seelischen Verletzungen ebenfalls Spuren, die Reinhold Stecher sein Lebtag nicht vergessen würde: Zum einen besuchte der Reichsleiter der besetzten Ostgebiete und Verfasser verschiedener rassenideologischer Schriften, wie des Buches „Der Mythus des 20. Jahrhunderts", Alfred Rosenberg, die Krankeneinrichtung. In ihm erkannte Reinhold Stecher nicht nur einen geistigen Wegbereiter der NS-Diktatur und ihrer maßlosen Verbrechen, sondern auch einen der Hauptverantwortlichen für dieses unsagbare Leid: „Ich kann nicht sagen, dass ich Rosenberg gleichgültig entgegengesehen habe. Da war nun einer von jenen, hinter denen die ganze Welt des Schreckens stand, all das, was Juden und bekennende Christen, rassistisch ‚Minderwertige' und ‚Lebensunwerte' bedrängte – der organisierte Hass, die Propagandalüge, die absolute Rechtlosigkeit, die Willkür in den Gefängnissen, die Konzentrationslager, die Verhaftungen, die Bespitzelung, die Verhöre, die langsam verrinnenden Stunden in der Isolationshaft, die immer näher kommenden Stiefel, die hart durch den Gang hallen, die knirschenden Schlüssel, der Ruf: ‚Raus zum Verhör!' Da ist er nun – Alfred Rosenberg, einer von denen, die dieses ganze Elend zu verantworten haben." Zum anderen war eine Begegnung mit einem jüdischen Häftling maßgeblich für viele Entscheidungen, die Reinhold Stecher in seinem weiteren Leben und vor allem als Bischof von Innsbruck treffen musste, und es lässt sich ebenfalls darin – neben dem gewachsenen Toleranzgedanken, den ihm bereits seine Mutter als Kleinkind eingepflanzt hatte – sein vehementes Eintreten für die brüderliche Aussöhnung des Christentums mit dem Judentum verstehen. „Wenige Tage später streifte ich im Schlafrock des Patienten durch das Haus und gerate ins Souterrain, wo die Versorgungseinrichtungen und Magazine untergebracht sind. Ich wandere durch schlecht beleuchtete Gänge und alle möglichen Gerüche. Und dann komme ich zu einer schweren Schwingtür. Ich reiße sie auf – und vor mir steht ein jüdischer Häftling, im Drillich mit dem Judenstern, abgehärmt, die Arme über der Brust verkrampft ... er ist zu Tode erschrocken. Er muss natürlich trotz meines Schlafrocks annehmen, dass ich ein deutscher Soldat bin. So erschrocken er ist, so betroffen bin ich. Wie soll ich ihm sagen, dass er von mir keine Angst zu haben braucht? Und dass ich ein Jahr vorher die gleiche Sträflingskleidung getragen habe und weiß, was es heißt, der SS ausgeliefert zu sein. Wir sind beide stumm. Wahrscheinlich hat er als Angehöriger irgendeines Trupps für Schutzarbeiten etwas Essbares in den Kellern erbeutet und hat nun tödliche Angst, ertappt zu werden. Ich versuche ihm zuzulächeln und halte ihm die schwere Schwingtür auf, damit er seine armselige Beute rasch in Sicherheit bringen kann."[51]

Bald nach seiner Genesung kehrte Reinhold Stecher zu seiner Einheit zurück, die sich zu dieser Zeit in der Nähe des Weißen Meeres aufhielt. Von hier aus begann ein 3600 Kilometer langer Marsch über Finnland, Lappland und Norwegen, währenddessen noch diverse Abwehrkämpfe gegen die sowjetische Armee geführt wurden, bevor Deutschland und alle seine Streitmächte am 9. Mai 1945 endgültig kapitulierten: „Pausenlos [marschieren wir] durch die Nächte, von Karelien über Finnland und Lappland bis zur Küste Norwegens, und die Nächte wurden immer länger, wir nur noch durch die Polarnacht zogen, durch Nordlicht und Schneestürme, und nie eine andere Rast als das lausige Zelt ohne Boden, auf dem blanken Schnee, und manchmal bei 40 Grad unter Null. Dazwischen waren Einsätze, und danach waren wir weniger, und die weißen Birkenkreuze blieben zurück. Plötzlich tauchte hinter den höher werdenden Hügeln Lapplands das norwegische Hochgebirge auf. Und wir standen in einer klaren Sternennacht endlich auf dem Pass, von dem aus dann die Straße hinunterführte zum Nordmeer. Da ich das Funkgerät hatte, wusste ich, wie wichtig dieser Pass war. Auf der anderen Seite drohte nicht mehr die russische Gefangenschaft. Wir waren im westlichen Sektor der Alliierten. Am Trondheim-Fjord kommen wir in englische Kriegsgefangenschaft. Die Engländer, die kaum sichtbar sind, behandeln uns mit größter Zuvorkommenheit. Ich bin ein Gefangener und habe mich seit Jahren nicht so frei gefühlt wie jetzt. Mit der Kapitulation Deutschlands hat mein Leben begonnen, und ich lasse mich von diesem Gefühl des Davongekommenseins und des Neuanfangendürfens überwältigen."[52]

Dabei fand dieser für Reinhold Stecher unvergessliche Aufbruch in eine neue Welt im an sich bedrückenden Milieu der Nachkriegszeit statt, das gezeichnet war von Bombenschutt und dem gravierenden Mangel an allem Lebensnotwendigen. Seine Heimatstadt Innsbruck, in die er nach der Kriegsgefangenschaft 1945 zurückgekehrt war, hatte eine Welle von Luftangriffen zu verschmerzen gehabt, die über die Hälfte aller Gebäude und nahezu zwei Drittel der Wohnungen in Mitleidenschaft gezogen hatte.[53] Dennoch war der Wille zum

Neuanfang weitgehend vorhanden und stark genug, dass das Leben letztlich in seine geordneten Bahnen zurückfinden konnte und ein Anknüpfen an Früheres ebenfalls wieder möglich wurde: „Ich hatte meinen Berufswunsch [Priester zu werden] durch die ganze Zeit hindurch getragen – ich weiß nicht, warum das ganze Chaos rundherum diese Absicht nie in Frage stellen konnte. Das entscheidendste Gewicht hatte wohl eine gewisse Ergriffenheit vom Heiligen und das Bedürfnis, dem Menschen zu dienen – und das alles auf dem Hintergrund eines unmenschlichen Staates und der Schrecken des Krieges."[54]

# KAPITEL 3

# „*Die Botschaft Jesu Christi ist unüberholbar*"[55]

## Lernen und lehren – Reinhold Stecher als Seelsorger und Religionspädagoge

Tatsächlich zeigte das Leben seine wunderbaren Erneuerungskräfte, erinnerte sich Bischof Paulus Rusch in seinem Anfang der 1980er-Jahre verfassten Erfahrungsbericht über diese frühe Nachkriegszeit: „Die jungen Männer, in deren Augen sich immer noch der tausendmal gesehene Tod spiegelte, waren ernst, strebsam. Sie verlangten nach echtem Neuanfang. Alle eingerückten Theologen, soweit sie zurückkamen, meldeten sich wieder im Priesterseminar. Ein großer Hunger nach Orientierung zeigte sich. Die große Erfahrung war vielmehr die, dass mitten in der Zerstörung, Dunkelheit und Nacht gesundes Leben geheimnisvoll neu aufbricht. So wie es in der Natur immer wieder Frühling wird, so bricht auch im seelisch-geistigen Leben immer wieder ein Frühling auf."[56]

Auch Reinhold Stecher kehrte ans Canisianum in Innsbruck zurück und nahm alsbald sein Studium der Theologie wieder auf: „Hier hatten Theologiestudenten aus aller Herren Länder gehaust und die alte Bude mit mehr oder weniger intensivem Studium und einem dosierten Heiligkeitsstreben erfüllt."[57] Wie viele seiner Kommilitonen spürte er allerdings die durch den Krieg verlorengegangenen sechs Jahre, in denen alles Denken einzig und allein auf das Überleben und Durchkommen ausgerichtet war, und die daraus entstandenen Defizite: „Dennoch wollten wir studieren. Und das größte Geschenk der Vorsehung waren zweifellos unsere Lehrer an der Fakultät. Es gab unter ihnen überzeugende und prägende Persönlichkeiten. Nicht nur das wissenschaftliche Format war so beeindruckend – es war die Übereinstimmung von Leben und Lehre, die sie repräsentierten. Auch Träger weltberühmter Namen führten ein höchst bescheidenes Leben. Man hatte immer das Gefühl, dass Theologie nie auf Kosten der Spiritualität betrieben wurde. So ging uns bei den Gebrüdern Rahner, bei Dander und Mitzka, Lakner und Gaechter die reine Welt auf."[58]

Neben dem Jesuiten Andreas Jungmann, den Reinhold Stecher des Öfteren in seinen Büchern erwähnte, war eine dieser „überzeugenden und prägenden Persönlichkeiten" der Theologischen Fakultät in Innsbruck ganz ohne Zweifel der damals schon sehr bekannte und später noch durch seinen unverzichtbaren Beitrag als Peritus beim Zweiten Vatikanum berühmt gewordene Karl Rahner. „In seinem Ringen um das Wort lag so viel Redlichkeit des Denkens und der Tiefe der Visionen, dass er die Hörer einfach in den Bann schlug. Man spürte, dass da ein lebendiger Geist immer wieder aus den viel befahrenen Bahnen der scholastischen Theologie ausbrach – hinein in das Abenteuer des Hinterfragens und des Aufspürens ungewohnter Zusammenhänge. Bei ihm waren die modernen Wissenschaften eingebaut, er bewegte sich in der Welt der Ökumene, der Gegenwart und der Vergangenheit. Ich will nicht behaupten, dass ich ihn in allem verstanden hätte. Aber er war so etwas wie ein Fluglehrer der Theologie, es ging ihm im letzten immer um die große Zusammenschau des Heils. Das war ja bei ihm so beeindruckend, dass er geistig aus einer so komplizierten, problemüberfrachteten Welt voller Fragen und Auseinandersetzungen kam und doch zu dieser letzten persönlichen Schlichtheit des Glaubens fand. Ihm war zutiefst bewusst, dass heute viele Menschen auf dem Weg sind, manche näher, manche weitab. Aber er war auch zutiefst davon überzeugt: So vielfältig sich heute die Seitenarme des religiösen Tastens und Suchens verzweigen und verwirren mögen, es gibt doch eine geheimnisvolle Strömung in ihnen, die zum ewigen Meer drängt, eine Strömung, die wir Gnade nennen und die von jedem Ursprung ausgeht, der gleichzeitig das Ziel aller Dinge ist. Die ganze überbordende Gelehrsamkeit kreiste um eine im Hintergrund glühende Mitte, Christusmysterium."[59]/[60]

Diese fachliche wie menschliche Bewunderung für Karl Rahner war jedoch nicht nur eine Episode in Reinhold Stechers Studentenzeit, sondern wandelte sich nach und nach in eine lebenslange Verbundenheit mit dem Jesuitenpater, die auch über dessen Tod hinaus reichte und sich mitunter darin zeigte, dass der ehemalige Schüler seinen verehrten Lehrer gegenüber seinen Kritikern immer wieder in Schutz nahm, welche der streitbar Gelehrte damals wie heute hat. Auffallend deutlich wird dieser Umstand in einer Stellungnahme, die Reinhold Stecher bereits als Bischof von Innsbruck traf, nachdem er Karl Rahner, während dessen letzter Stunden, im Krankenhaus besucht hatte, und am 4. April 1984, unter Anwesenheit von Kardinal Hermann Volk, Erzbischof Friedrich Wetter sowie der Bischöfe Paulus Rusch, Karl Lehmann, Egon Kapellari und Ernst Tewes dessen Requiem zelebrierte: „Es war, wie wenn ein Menschenleben nach langer Reise einem Ziel zustrebte, so wie ein großer, breiter Strom zur Mündung kommt, der alle Windungen, Katarakte und Staudämme hinter sich gelassen und viele Schiffe und die Last der tausend Fragen getragen hat und der sich nun dem großen Meer nähert, wo alles einfach wird. Man saß am Krankenbett, konnte mit einem sehr gelösten, ja fast heiteren Menschen reden – und dabei musste man an die Bücherstellagen zu Hause mit der langen Reihe der Rahner-Bände denken, an das gewaltige Wissen und das vielfache Ringen mit den vielfältigen Problemen, die nun einmal diese Epoche dem wachen Glaubenden aufgegeben hatte. Und doch hatte man keinen müden Menschen vor sich, keinen problemzerriebenen, sondern einen sehr gefassten, mit einer fast fröhlichen Distanz zu sich und seinem Werk (eine Haltung, die einigen seiner harten Kritiker abzugehen scheint). Vielleicht war es das, was diesen großen Theologen so menschlich und sympathisch machte: Dass er zutiefst um die Schwierigkeit, die Mühsal, die Unsicherheit und die Gefährdung des Glaubens an Christus in unserer

*Primiz von Helmut Stecher, als sein Konzelebrant Reinhold Stecher (links im Bild)*

Zeit wusste, und zwar mit einem Wissen, das nicht nur aus einer professoralen Betätigung, sondern aus eigenem Erleiden und Erleben stammte, und dass er andererseits doch das Glück eines Menschen ausstrahlte, der mit seinem Glauben immer wieder nach Hause kommt."[61]

Reinhold Stecher machte nie ein großes Geheimnis daraus, dass seine Berufswahl während des Studiums auch von Zweifel und Unsicherheiten überschattet gewesen war und keineswegs in jener souveränen Klarheit erfolgte, die sich junge Menschen für diesen Schritt manchmal wünschen. Dennoch ging er 1947 aus ganzer Überzeugung, mit wachem Geist und übervollem Herzen für den Glauben an Jesus Christus zur Priesterweihe, die er zusammen mit seinem älteren Bruder Helmut durch Bischof Paulus Rusch in der Franziskanerkirche in Schwaz empfing. „Warum ich Priester geworden bin? Ich finde es sinnvoll, ein wenig mitzuhelfen, dass Menschen in einer Zeit der Verunsicherung und Entwurzelung im unendlichen Gott und seiner Güte eine Heimat finden. Ich finde es sinnvoll, auf dem bewegten Meer der Zeit immer wieder nach den gütigen Wahrheiten

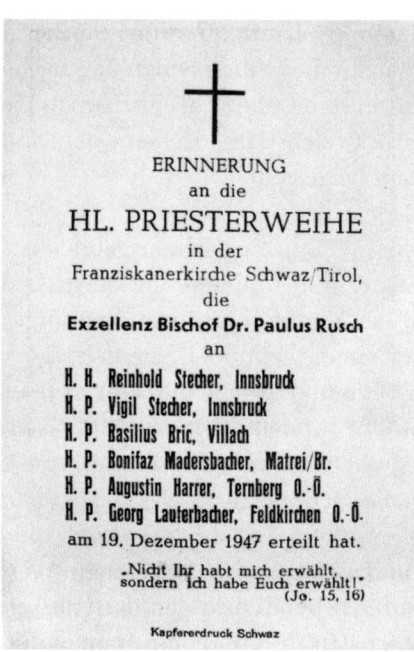

*Erinnerungskärtchen zur Priesterweihe*
*der Brüder Stecher*

Ausschau zu halten, die weiterzusagen und hie und da vielleicht einen Weg zu weisen – so etwas wie eine Signalboje, die auch von den Wellen geschüttelt wird und doch eine verborgene Ankerkette zum Grund hat, der Christus ist. Ich finde es sinnvoll, Kindern mit den Erzählungen der Bibel ein Urvertrauen ins Herz zu säen, mit jungen Menschen zu diskutieren oder in das Schweigen der Meditation zu gehen, Neuvermählten die Wohnungen zu segnen, Kranke zu besuchen, Vorlesungen vorzubereiten oder den letzten Segen über ein Grab zu senden. Ich finde es sinnvoll, das Brevier aufzuschlagen und in das Gebet der Jahrtausende einzutreten, und ich werde es immer für sinnvoll halten, mich über Kelch und Hostie zu beugen und das Geheimnis der Geheimnisse zu feiern."[62]

Sein erstes Messopfer feierte Reinhold Stecher am Christtag 1947 in der Pfarrkirche Wilten, einen Tag nach seinem Bruder, der wiederum seine Primiz als Christmette in der Hofkirche von Innsbruck zelebrierte – der eine dem anderen jeweils als Konzelebrant beigestellt.

Bald darauf fing der „theologisch ausgebildete, spirituell bemühte, von Eifer erfüllte und sendungsbewusste Neupriester" Stecher an, in der Kinder- und Jugendseelsorge zu arbeiten, wobei eine der ersten Lektionen, die er selbst währenddessen zu lernen hatte und welche ihm eine tiefe und vor allem bleibende Einsicht für sein weiteres Tun verschaffen sollte, jene war, dass die Verkündigung immer eine Sprache mit Herz braucht, die nicht versucht, das Gegenüber mit rhetorischer Finesse zu überreden, sondern durch die Bereitschaft, zuzuhören und das Gehörte auch in seinem Wesenskern aufzunehmen und zu berücksichtigen, ein starkes Gefühl des Miteinanders schafft: „Eines ist mir damals für immer beigebracht worden: In Zeiten wie diesen muss sich die Kirche den Fragen stellen, die ihre Gläubigen haben. Wenn ich den jungen Menschen gegenüber diese Fragen mit irgendwelchen Sprüchen abgewimmelt hätte, dann wäre ich bei ihnen als Lehrer moralisch ‚ausgestiegen'. So gut man kann, muss man mit dem Blick auf das Evangelium und die fundamentalen Glaubenswahrheiten die Fragen redlich beantworten. Das haben mir die kritischen jungen Menschen beigebracht: den Grundstil einer dialogischen Kirche. Eine dialogverweigernde Kirche kann ihrer Aufgabe in dieser Welt nicht gerecht werden."[63/64]

Im Besonderen prägend für diese Geisteshaltung waren anfänglich die „Lehrjahre" im Paulinum, wo Reinhold Stecher von 1949 bis 1956 als Präfekt seine erste Anstellung hatte. Hier erprobte er unter anderem den schwierigen Balanceakt zwischen „dem Noten gebenden Prüfer und dem um das Heil besorgten Priester, zwischen der Forderung in Richtung eines Wissensstandes und der viel bedeutsameren Vermittlung von Werten und Grundüberzeugungen". Mit anderen Worten erkannte Reinhold Stecher im Bemühen um die Schüler des Paulinums den Grundsatz, der für ihn und seine künftige Arbeit so bedeutsam werden sollte, „dass eine lehrende Kirche gleichzeitig eine lernende sein sollte".[65]

Auch seine Schüler bemerkten diesen „Stilwechsel" und waren ihm dankbar dafür: „[Als wir] ins Obergymnasium kamen, hatten wir das besondere Glück, in der siebten und achten Klasse Reinhold Stecher als Präfekten zu bekommen. Die Heimordnung war für uns in diesem Alter eher eng; jedoch war der Präfekt Stecher nicht nur ein Ausgleich, sondern für die Maturajahrgänge ein großer Segen. Sein Weitblick und seine Lebenssicht, seine Lebenserfahrung durch die Nazizeit und die Gestapohaft, seine harten Kriegsdienstjahre und das Theologiestudium formten ihn zu einer Persönlichkeit, die uns beeindruckte und auf dem Lebensweg bereicherte. Der weite Horizont von Reinhold Stecher, sein reiches Wissen, seine vielen Fähigkeiten, die in ihm schlummerten, und seine freie, unverkrampfte, menschliche Umgangsart, seine Bescheidenheit, sein Witz und Humor, seine schelmischen, pointierten Phantasieausbrüche in gelöster Runde waren für die junge Generation in den Maturaklassen prägend und von größtem Gewinn. Am meisten formte Reinhold Stecher unsere christliche Einstellung durch seine persönliche Lebens- und Glaubenseinstellung, durch seinen Umgang mit der heiligen Schrift, durch seine Ansprachen und Lebensgespräche und durch das gute christliche Klima, das er als Person ausstrahlte. Berge und Bergerlebnisse mit Reinhold Stecher blieben für viele unvergesslich. Viele erinnern sich an die Lectio, die am Beginn des Nachmittagsstudiums um fünf Uhr im Studiersaal auf dem Programm stand. Auf diese Viertelstunde hatten wir uns immer gefreut. Reinhold Stecher berichtete vom Tagesgeschehen in der Politik, er griff ‚heiße Eisen' als Themen auf, berichtete von gesellschaftlichen Ereignissen. Manchmal kamen auch militärische Erlebnisse aus seiner über vier Jahre [andauernden] harten Kriegszeit im hohen Norden zum Durchbruch. Er half uns, die Hitlerjahre zu verarbeiten. Reinhold Stecher war kein belehrender Mensch, kein Typ des erhobenen Zeigefingers. Er war kein Erzieher, der auf dem Podest stand. Irgendwelche Druckmittel auf die Jugendlichen waren ihm total fremd. Er begleitete uns ein Stück in unseren jungen Jahren. Er hat mitgeholfen, die Weichen in jungen Jahren sinnvoll zu stellen."⁶⁶

Reinhold Stecher selbst beschrieb die Jahre des Präfektseins als „sieben schöne Jahre",⁶⁷ und man möchte ihm glauben, dass es in der sonst engen Hausordnung durchaus Platz für die eine oder andere Mußestunde und eine gewisse Ausgelassenheit gab – ein Zeugnis dafür mag folgendes Gedicht sein, das Reinhold Stecher für den „Pauliner Fasching 1951" verfasst hat und das sich im Nachlass seines Bruders Helmut wiederfand:

*1. Und an Hofrat miass mr a no haben*
*A Direkter oder Regens war ins zschlecht*
*Wegen was is er verschriern?*
*Ja – des ständige Spaziern!*
*Aber sunst war ja der Hofrat alleh recht.*

*2. Und an Eislaufplatz wöllns a no haben*
*Wofür man die langen Gummischläuche nimmt.*
*Lieber Subi, tua net reahrn*
*Denn des Platzl werd scho wearn*
*Bis zum Sommer friert der Dreck ja ganz bestimmt.*

*3. Konferenzen miass'ns a no haben*
*Jeden Freitag von Halb Zwölfe bis um oans*
*Ja da huckn unsre Mannder*
*Redn alle durcheinander*
*Eppes Sichers woass am Ende nacher koans.*

*4. An Verwalter miaß mr a no haben*
*Warum schaut denn der heut gar so finster drein?*
*Ja, die ganze Unterhaltung*
*Geht auf Kosten der Verwaltung*
*Und drum spart ers dann beim Plentn wieder ein!*

*5. Die Schwester Hedwig miass mr a no haben*
*Denn wer führte sonst in unsrem Hause Buch?*
*Heute ist ihr nicht geheuer*
*Denn der Fasching kommt zu teuer*
*Und ich glaube fast, sie weint ins Taschentuch.*

*6. Und a Schiwochn wollns a no haben*
*Denn die andern Mittelschulen habns a*
*Alles sucht nach Gegengründ'n*
*Also wird sich oaner find'n*
*Und so bleib mr auf dr Gampnwies'n da.*

*7. Und a Kuahschell miaß mr a no haben*
*Im Gymnasium drübn in der Direktion.*
*Liaber Rex-i tat sch bitt'n*
*Mir sein decht koa Almhütt'n*
*So was ist ja für die Wissenschaft ein Hohn.*[68]

In demselben Jahr, 1951, promovierte Reinhold Stecher mit der Arbeit „Darstellung und Begriff der persönlichen Weisheit in den Proverbien" zum Doktor der Theologie.[69]
Die Dissertation sollte streng genommen seine einzige wissenschaftliche Publikation bleiben – Teile daraus erschienen zwei Jahre später in der *Zeitschrift für Katholische Theologie* (S. 410–451) –, sie ist jedoch durch ihre Quintessenz ebenso entscheidend für das weitere Verständnis von Werk und Person Reinhold Stechers wie der oben beschriebene Erfahrungsschatz aus dem Kontakt mit Schülern im Unterricht und

dem Zusammenleben im Paulinum: „Als mir mein Professor diesen Forschungsauftrag zuwies, habe ich nicht geahnt, was für Einsichten, Zusammenhänge und Tiefblicke sich für mich auftun würden."

Der Begriff der ‚persönlichen Weisheit' ist schon von rein literarischem Interesse, er beschäftigt aber auch den Religionshistoriker und Religionspsychologen, der ähnliche Erscheinungen in anderen Kulturkreisen vor Augen hat. Vor allem aber wendet der Theologe den betreffenden Stellen seine Aufmerksamkeit zu, weil sie im Lichte des Neuen Bundes auf den Logos hinweisen. Die ‚Weisheit' ist ein theologischer Schlüsselbegriff des Alten Testaments. Sie ist Geschenk, das aus der Ewigkeit kommt, und Erhellung des menschlichen Alltags, sie durchmisst den weiten Raum des Alls und die Tiefen des menschlichen Herzens.

Die sichere Deutung eines literarischen Phänomens beruht zum guten Teil auf der Kenntnis seines Wurzelbodens, der Zeit und des Ortes der Abfassung, des Verfassers und der allgemeinen und speziellen Vorbedingungen des Werkes. Ich kann ohne die Welt der altorientalischen Sprachen, ohne die Hilfe evangelischer oder jüdischer Gelehrter gar nicht eindringen. Und so ist mir von dieser stillen Reise in die Offenbarung auch ein großer Respekt vor der Ökumene geblieben und die Überzeugung, dass man immer wieder von anderen lernen kann und lernen muss, auch wenn man im katholischen Glauben verankert ist und verankert bleibt."[70]

Daneben ist Stechers Einsicht in die Wirkkraft der „didaktischen Poesie" von nicht zu unterschätzender Bedeutung, ist doch sie das vorrangige Kunstmittel, welches er in seinen Büchern, Predigten etc. fortan verwendet: „Die Sprache ist poetisch und wendet sich an ein bildhaft denkendes Publikum", sie will vordergründig nicht Wissen, sondern gläubige Lebenserfahrung vermitteln.[71] In „Begegnungen auf Mittelwelle", das 1965 erstmals erscheint – spätere Auflagen tragen den Titel „Liebe ohne Widerruf" –, wendet Reinhold Stecher diesen Schreibstil schon meisterhaft auf die Passionsgeschichte an, indem er seine Leserschaft unumwunden anspricht und von Beginn an zu verstehen gibt, dass er an dieser Stelle nicht doziert, sondern wie sie vor dem Wunder der Auferstehung staunend steht und um Worte ringt: „Wenn ich könnte, lieber Leser, würde ich versuchen, in Ihnen und um Sie herum Stille zu schaffen. Ich möchte, dass Ihre Gedanken das Tagesprogramm und alle großen und kleinen Sorgen und Aufgaben und Probleme zurücklassen. Bitte verstehen Sie mich recht: ich möchte das alles nicht, weil ich meine Worte für so bedeutungsvoll oder gescheit und einmalig halte. Nein, es geht mir wahrhaftig nicht um meine Worte, sondern um das Geheimnis, dem meine Worte dienen wollen: um Ihre Begegnung mit Gott. Damit ist Er genannt, dessen Namen ein Gläubiger des Alten Bundes nicht aussprechen durfte – und von dem wir so oft und so leichthin daherreden. Gott! Was soll ich von Ihm sagen? Wie soll ich Ihn Ihnen nahebringen? Ihn, den Unendlichen, von dem wir nicht reden, sondern höchstens stammeln können? – Ein aussichtloses Beginnen!"[72]

Bei der Veröffentlichung seines Erstlings war Reinhold Stecher seit fast zehn Jahren als Religionsprofessor an der Lehrerbildungsanstalt in Innsbruck tätig – 1956 hatte er dafür das Paulinum verlassen – und profilierte sich zudem an verschiedenen anderen Institutionen als Seelsorger.[73] Bis zu seiner Ernennung zum Nachfolger von Paulus Rusch im Jahr 1981 lernte er außer den Berufsschulen noch alle weiteren Schultypen kennen und unterrichtete unzählige Schülerinnen und Schüler in ganz Tirol, was mit ein Grund für seine große Popularität gewesen sein dürfte, aber vor allem jenes Vertrauen in seine Person unter den Gläubigen der Diözese begründet hat, das Reinhold Stecher wohl als wichtigste Voraussetzung für die Wahl zum Bischof ansah – sowohl für sich selbst als auch für alle anderen Kandidaten, damals wie heute: „Durch einen Brief mit einer Einladung zum Gespräch mit dem Nuntius [Mario Cagna] in Wien [habe ich von meiner Ernennung zum Bischof von Innsbruck erfahren]. Ich habe dann im Gespräch meine Einwände vorgetragen, etwa, dass ich nie in einer führenden Tätigkeit der Diözese tätig gewesen bin, sondern immer nur in der Jugendseelsorge und in der Lehrerbildung. In diesen Aufgabenbereichen habe ich mich zu Hause gefühlt. Zwei Stunden lang hat der Nuntius versucht, mich zu überzeugen. Als er dann sagte, dass ich gemäß einer Befragung größtes Vertrauen besitze, habe ich schließlich doch Ja gesagt."[74]

# KAPITEL 4

# Einflüsse auf Reinhold Stecher

M it Reinhold Stecher lässt sich sagen: „Das Amt des Bischofs ist einfach überlastet."[75] Die Verantwortung für die Diözese wiegt schwer, Verpflichtung reiht sich an Verpflichtung, wie ein Termin im Galopp dem nächsten folgt, und die Herausforderungen sind so mannigfaltig, dass sie selbst von einem vielfach talentierten Menschen nicht alle bewältigt werden können.

Umso schwieriger ist es, aus dieser Menge von Geleistetem eine Auswahl zu treffen – schier unmöglich ist es, über alles, das über die Jahre erarbeitet wurde, im Einzelnen und haarklein zu berichten –, wenngleich gerade an dieser Stelle dies verlangt wird. So wird im Folgenden auf die wichtigsten Aspekte des Episkopats von Reinhold Stecher Bezug genommen, ohne den Anspruch auf Vollständigkeit zu erheben, jedoch nach bestem Wissen und Gewissen, und es werden im Vorfeld zwei Einflüsse geltend gemacht, die eine nicht zu unterschätzende Wirkung auf das persönliche Amtsverständnis von Bischof Reinhold Stecher und die damit verbundenen – manchmal umstrittenen – Entscheidungen hatten.

## Paulus Rusch und die Kirche im Gebirge (1938–1981)

Über vier Jahrzehnte war Paulus Rusch als Bischof tätig und hat in seinen Einflussbereichen tiefe und unauslöschliche Spuren hinterlassen. Vor allem sein Engagement in der Nachkriegszeit brachte ihm den Ruf eines Vordenkers der katholischen Soziallehre ein, dessen damals begonnene Projekte – so rief er etwa 1961 die Aktion „Bruder und Schwester in Not" ins Leben – noch heute weltweit und erfolgreich laufen. Auch in Fragen zur Ökumene, über die Bedeutung der Laien in der Kirche und den globalen Frieden hat er vieles geleistet, besonders aber hat „Paulus Rusch im [Zweiten Vatikanischen] Konzil Entscheidendes getan, dass die großen Gedanken des Glaubens, die in Innsbruck von Josef Andreas Jungmann, von Karl und Hugo Rahner und anderen gedacht wurden, Raum gewannen, fruchtbar wurden in die Weite der ganzen Kirche hinein".[76]

Damit ist schon einiges erwähnt worden, das Bischof Paulus Rusch mit seinem Nachfolger Reinhold Stecher inhaltlich gemeinsam hatte – auch die unumstößliche und einander stark verbindende Dominante ihrer beider Wirken als Bischof von Innsbruck „Der Weg des Menschen ist der Weg der Kirche!" –, obwohl sie charakterlich vollkommen unterschiedliche Menschen waren. Der Ältere nüchtern und eher verschlossen – „Seine letzte Güte war manchmal durch eine gewisse Scheu, ja durch Schroffheit verdeckt."[77] –, der Jüngere offenherzig und mit der natürlichen Gabe des Frohsinns ausgestattet. Dennoch erfüllte sie derselbe Geist, und bei genauerer Betrachtung lässt sich sagen, dass Bischof Reinhold Stecher sowohl Fortsetzer als auch Vollender des langen Episkopats von Paulus Rusch war, an dessen Errungenschaften er treu festhielt und dessen Fehler er im Versöhnlichen zu korrigieren versuchte. Mit anderen Worten: Bischof Ruschs Einfluss auf Reinhold Stecher ist immens und vor allem fruchtbar gewesen, wodurch der einstige Protegé zum idealen wie ideellen Nachfolger heranreifen konnte.

Bis 1925 gehörte das Gebiet der heutigen Diözese Innsbruck zur Diözese Brixen, danach wurde es ein Teil der neu errichteten Apostolischen Administratur Innsbruck-Feldkirch, welcher bis 1938 Sigismund Waitz vorstand, dann Paulus Rusch als Weihbischof, bevor 1964 die eigenständige Diözese Innsbruck gegründet wurde: „Noch schwieriger gestaltete sich diese Übergangszeit mit der Wahl von Sigismund Waitz zum Fürsterzbischof von Salzburg im Jahr 1935. Als Waitz vom Papst zugleich auch als Administrator für Innsbruck-Feldkirch bestätigt wurde, kam es aufgrund der Kompetenzüberschreitung immer wieder zu Konflikten. Die wiederholten Forderungen auf einen eigenen Bischof für Innsbruck blieben jedoch [infolge der kirchenfeindlichen nationalsozialistischen Politik] erfolglos, zumal [der erst fünfunddreißigjährige] Paulus Rusch ohne Zustimmung der Gauleitung zum Administrator bestimmt und eingesetzt und überdies im November 1938 von Erzbischof Waitz zum Bischof geweiht worden war."[78] Daraufhin erging ein eiliges Rundschreiben, in welchem Gauleiter Franz Hofer allen nachgeordneten Behörden „jeden Verkehr mit dem sogenannten Bischof Rusch"[79] verbot, über den er selbst immer nur in demütigender Weise als „Kaplan Rusch" sprach.

Es sollte noch über ein Vierteljahrhundert dauern, bis letztlich durch die Päpstliche Bulle „Sedis Apostolicae" die Gründung der Diözese Innsbruck beschlossen wurde, und Paulus Rusch am 8. Dezember 1964 als erster Diözesanbischof im Dom zu St. Jakob feierlich inthronisiert wurde.

Als Paulus Rusch 1938 zum Bischof geweiht wurde, hatte im Gau Tirol-Vorarlberg Franz Hofer das Sagen. Der fanatische Nationalsozialist wird von Zeitzeugen wie Reinhold Stecher als ein erbitterter Gegner der katholischen Kirche beschrieben, der mit seinen brutalen Aktionen alles daran setzte, den Glauben an Gott und seine Stellvertreterin auf Erden gegen den Führerkult um Adolf Hitler zu vertauschen. Der Wahlspruch von Bischof Rusch „Christo regi vita nostra – Christus, dem König, unser Leben", der eindeutig als Gegenprogramm zu lesen ist, wurde demnach auch als Provokation verstanden und mit einschränkenden Maßnahmen gegen eine Vielzahl von Klöstern, Ordensleuten und einzelne Priester beantwortet.[80] Gegen Rusch persönlich konnte der düpierte Gauleiter allerdings nur wenig unternehmen – unter anderem wurde das Dienstauto des Bischofs beschlagnahmt und Rusch aus seiner Wohnung vertrieben, weswegen er schließlich in die Propstei von St. Jakob einzog, wo sich noch heute der Bischofssitz von Innsbruck befindet[81] –, da von Berlin keine direkten Repressionen gegen den hohen Kirchenmann erwünscht waren. Franz Hofer freilich sah das anders, denn als Bischof Rusch dem Nuntius in Berlin von den vielen Schikanen, Verfolgungen und Enteignungen des kirchlichen Besitzes berichtete, kam er in große Bedrängnis, da dieser Bericht über Berlin nach Rom gelangte und nur Tage später von *Radio Vatikan* die Verbrechen Franz Hofers in alle Welt gesendet wurden. Der Vorwurf des Gauleiters gegen Rusch lautete nun auf Landesverrat und eine Verhaftung des aus Berlin nach Tirol zurückkehrenden Bischofs schien sehr wahrscheinlich – auf dem Innsbrucker Hauptbahnhof wartete bereits die Gestapo. Dieser Umstand setzte einige Priester und Laien in Bewegung: Am Bahnhof Wörgl holte Dr. Hans Weiser Bischof Rusch aus dem Zug und brachte ihn in Sicherheit. Rusch besuchte hierauf Kardinal Faulhaber in München und kam über Mittenwald nach Innsbruck, wo er bereits am Bahnhof Hötting ausstieg. Am nächsten Tag stellte sich der Bischof in Begleitung von Propst Josef Weingartner den erstaunten Behörden, ohne jedoch bereit zu sein, ein vorbereitetes „Geständnis" zu unterzeichnen.[82]

Es lässt sich in diesem Zusammenhang unter anderem vermuten, dass Franz Hofer anstelle des Bischofs alsbald dessen Provikar Carl Lampert als Ziel seiner maßlosen Verfolgung ins Visier nahm und somit an ihm an der zweiten Stelle seine Macht demonstrieren wollte. In seiner Funktion als Provikar für den Tiroler Teil der Apostolischen Administratur Innsbruck-Feldkirch war Carl Lampert ein wichtiger Mitarbeiter von Bischof Paulus Rusch und vertrat diesen in

*Plakette zum Gedenken
an den seligen Carl Lampert
im Dom St. Jakob*

vielen Angelegenheiten, so wie er in dessen Namen auch immer wieder gegen die Beschränkungen in der Seelsorge intervenieren musste, wodurch er zunehmend die Gauleitung verärgerte und mehrmals verhaftet wurde, wie sich Reinhold Stecher später erinnerte: „Ich habe Provikar Lampert ministriert. Ich habe ihm als Gymnasiast bei Reden zugehört und ich habe immer den Eindruck eines gescheiten, seriösen und ausgewogenen Menschen gehabt. Ich habe selber erlebt, wie er zum ersten Mal verhaftet wurde. Und damals sind wir, mein lieber Mitbruder Pfarrer Hermann Lugger von Innsbruck und ich, monatelang in den Gefängnissen der Gestapo gewesen und wurden dann überraschenderweise unmittelbar vor dem KZ-Abtransport herausgelassen. Und mein lieber Mitbruder Pfarrer Lugger – wir waren ja ganz blutjunge Menschen – wurde damals zu Bischof Paulus Rusch, der in Fulda mit den deutschen Bischöfen tagte, als Geheimbote hinausgeschickt. Es war ja so gefährlich! Wir mussten bei unserer Entlassung unterschreiben, wenn wir noch in irgendeiner Weise etwas gegen den Staat unternehmen, hätten wir die sofortige Einweisung ins KZ zu vergegenwärtigen. Er ist hinausgefahren mit einer auswendig gelernten Botschaft, um Bischof Rusch die Adressen zu sagen, wo er eventuell in Berlin intervenieren könnte. Bischof Rusch ist aus gleich von Fulda nach Berlin gefahren und hat interveniert. Möglicherweise hat das beigetragen, dass damals Provikar Dr. Carl Lampert aus dem KZ entlassen wurde. Ich habe ihn auf der Straße getroffen. Wir haben beide gewusst, dass wir über das KZ nicht sprechen dürfen, dass jeder, der den Mund drüber auftut, unfehlbar und für immer dorthin zurückkommt. Er war abgehärmt, abgemagert, in schlotternden Kleidern. Ich habe dann nur gehört, dass er dann wieder verhaftet wurde ...“[83]

Die dritte Verhaftung Carl Lamperts erfolgte am 5. Juli 1940 aufgrund der Todesanzeige für Pfarrer Otto Neururer, die der Provikar zusammen mit dem damaligen Pfarrprovisor von Götzens verfasst hatte:

> *Gott hat unseren innigstgeliebten Seelsorger, H. H. Pfarrer Otto Neururer, nach großem Leid heimgeholt in seine Liebe. Er starb am 30. Mai 1940, fern seiner Seelsorgegemeinde, in Weimar-Buchenwalde. Wir kannten Herrn Pfarrer Neururer als einen Mann vorbildlicher Pflichterfüllung und ganzer Hingabe an seine Seelsorgeaufgabe. Sein Leben unter uns und sein Sterben werden wir nie vergessen. Die Beisetzung des lieben Toten wird später bekannt gegeben werden. Hiervon gibt in tiefster Trauer Kenntnis: Die Pfarrgemeinde. Götzens, am 31. Mai 1940.*

Im Besonderen haben die drei hervorgehobenen Stellen die Aufmerksamkeit der Gauleitung erregt, welche die entsprechenden Passagen als versteckte Hinweise auf (1) Folter, (2) das Konzentrationslager und (3) das Märtyrertum des Pfarrers von Götzens interpretierten und für ausreichend genug hielten, um Carl Lampert vor Gericht zu stellen und zum Tode zu verurteilen.[84] Vor seiner Enthauptung am 10. November 1944, um 16 Uhr, schrieb der Provikar noch einmal an seinen Bischof in Innsbruck – wohl auch um das Gefühl der Mitschuld von seinen Schultern zu nehmen:

*„Halle an der Saale, 13. November 1944, 3 Uhr nachmittags*

*Lieber Bischof Paulus!*

*In einer Stunde stehe ich vor meinem Gott und Heiland und Meister. – Christ Kyrie eleison, so flehe, so bitte auch mit mir – für mich!*
*Dir, lieber Paulus, in aller Eile herzlichen Abschiedsgruß und Dank und Segen für ein langes Wirken für den Herrn; – ach, ich hätte zu gerne mitgearbeitet!!! – Vergiss deinen armseligen Provikar bitte nicht ganz; ich will es versuchen und hoffe es, in der Ewigkeit noch besser sein zu können! – Mein Leben für Christus, die liebe Heimatkirche und alle ihre Priester und Ordensleute, ihre Jugend und jeglichen Stand – dass Christus allen alles sei! – vergib mir all die Sorge, die ich Dir bereitete; – es war nicht meine Schuld; – wie gerne hätte ich dir alles abgenommen! – Gottes Wille, – fiat! – und tut's auch noch so weh!*
*Innige Abschieds- und Segensgrüße dem ganzen Ordinariate! – 1000 Dank für alle Mitarbeit, Liebe und das viele Opfern und Beten! – Ich will keinen vergessen – und ich bitte um das Gleiche für meine arme Seele! – Wie freue ich mich, Christus und die liebe Mutter nun zu sehen! Wiedersehen bei Ihm, lieber Paulus, wie wir hoffen, zum ewigen Magnificat! – Bis dahin Gott mit Dir in allem!*

*In Christi Liebe – vale! Dein Provicar*
*So nun muss ich mich zum letzten großen Schritt bereiten! – Benedictus, qui ... "*[85]

Als der Krieg zu Ende war, legte Paulus Rusch trotz aller Berechtigung kein belastendes Material gegen Franz Hofer und die Vielzahl seiner Mittäter vor.[86] Der Bischof wollte mit der Vergangenheit, über die er nicht viel Gutes zu sagen wusste,[87] abschließen und richtete seinen Blick in die Zukunft. Vor allem der geistige und wirtschaftliche Wiederaufbau war für ihn vorrangig, wie sich auch Reinhold Stecher, der damals selbst gerade aus dem Krieg zurückgekehrt war, erinnerte. „Für den Bischof begann eine andere Phase: Die Kirche der Hilfe und des Aufbaus. Es mussten wieder nach einem jahrelangen Sakristeidasein die Schritte in die Öffentlichkeit getan werden. Die Nöte der Nachkriegszeit bestimmten die Arbeit. [Ich erinnere mich] noch sehr gut an einen späten Abend des Jahres 1946, an dem [ich] den Bischof bitten musste, wieder einmal (zum wievielten Male?) irgendeine mächtige Stelle der französischen Besatzungsmacht anzuläuten und in höchster Not zu intervenieren. Es ging, heute darf man es ruhig sagen, um einen großaufgezogenen, moralisch völlig zu rechtfertigenden Schwindel, mit dessen Hilfe 400 deutsche Kriegsgefangene aus Frankreich über Tirol in ihre Heimat geschleust wurden – eine kleine Episode aus jener Zeit der Bombentrümmer, Carepakete und Holzgasautos. Ebenso wichtig waren die Aufgaben eines neuen seelsorgerischen Aufbaus: Pfarrgründungen, Kirchenbauten, Exerzitienbewegung, Renovierungen, Priesterseminarbau, Laienorganisationen, soziale Einrichtungen – es gab so etwas wie einen Nachkriegschwung, eine gewisse religiöse Öffnung der Generation, die aus Schützenlöchern, Luftschutzräumen und Stacheldrahtzäunen in ein neues Leben trat."[88]

Die Tiroler Landeshauptstadt hatte ebenso zahlreiche wie verheerende Kriegsschäden zu verzeichnen. Zwischen Dezember 1943 und April 1945 flogen die alliierten Streitkräfte insgesamt zweiundzwanzig Bombenangriffe auf Innsbruck und zerstörten strategische Ziele, ebenso wie zivile. Hunderte Tote und Verwundete, zigmal mehr Obdachlose sowie nicht genau zu beziffernde materielle Schäden waren die Folge.[89]
Bischof Paulus Rusch, der sozial eingestellt und daher auch „roter Oberhirt" in seiner Diözese genannt wurde, sah nun seine dringlichste Aufgabe darin, sich für den schnellen Wie-

deraufbau einzusetzen – sowohl für den geistigen, als auch für den wirtschaftlichen: „Viele haben Haus und Wohnung verloren. Da ist Hilfe Pflicht christlicher Nächstenliebe. Es steht geschrieben: ‚Einer trage des anderen Last, so erfüllt ihr das Gesetz Christi.'"⁹⁰

Aber seine rastlosen Bemühungen der nächsten Jahre – sein Eifer im sozialen Wohnbau und in der Errichtung neuer Pfarr- und Gemeindehäuser – zeitigten nur bedingt die erhoffte Wirkung, wie folgende Textstelle aus seinen Erinnerungen enttäuscht berichtet: „Die Kirche sah aber sofort den Dominatenwechsel. Das Geistige kam in den Schatten, das Wohlleben wurde zur Hauptsache. So predigte denn die Kirche: Baut die Wirtschaft aus, aber baut auch die geistigen Werte aus. Es geht nicht nur um den äußeren Lebensstandard, sondern auch um den Lebensstandard des Charakters."

Und liest man aufmerksam weiter, erinnert die eindringliche Warnung Ruschs auch an die Worte, welche Reinhold Stecher später als Bischof aus ganz ähnlichen Befürchtungen wählte: „Die wirtschaftliche Besserstellung wurde in unserem Land stark von dem neu aufblühenden Fremdenverkehr getragen. Dabei zeigte sich bald, dass der rasche und unorganisch wachsende Fremdenverkehr einen Einbruch auf das bäuerliche Erbe bedeutete. Zuerst hörte das Tischgebet auf, um die Fremden nicht zu stören; dann fiel der sonntägliche Kirchgang aus; man musste den Fremden das Frühstück servieren. Schließlich kam an die Stelle des Herrgottwinkels der Fernsehapparat. So kam der Einbruch auch in die feiertägliche Zeit. In manchen Orten konnte Weihnachten in der Familie nicht mehr gefeiert werden. Der Fremdenstrom setzte mit 20. Dezember ein. Dann war die häusliche Feier unmöglich. Welche seelische Verarmung damit eintrat, wie viel kindliche Freude und Seligkeit dadurch wegfiel, muss klar sein."⁹¹

In dieser „geistlosen" oder „Geist verlorenen" Zeit begannen dann auch die andauernden Diskussionen rund um die Engelwerk-Bewegung und die jahrhundertealte Legende des seligen Anderle von Rinn, die seinerzeit Bischof Paulus Rusch anders geführt hat, als Jahrzehnte nach ihm Bischof Reinhold Stecher sie beendete.

Psychologisch betrachtet könnte man durchaus annehmen, Bischof Paulus Rusch, der einen gesellschaftlichen geistigen Verfall diagnostiziert hatte – „Das Wort Fortschritt sagt: wir schreiten vorwärts. Scheiten wir aber auch aufwärts?"[92] –, sah in beiden Erscheinungen den echten Ausdruck gelebter Volksfrömmigkeit, welche er vor dem alles nivellierenden Zeitgeist schützen wollte, indem er nicht, wie von verschiedenen Seiten gefordert wurde, vehement gegen sie vorging. Es wäre ansonsten nicht wirklich schlüssig nachvollziehbar, weshalb Bischof Rusch etwa im Fall des eindeutig als antisemitisch geltenden Anderle-Kultes so vollkommen anders reagierte als sein Nachfolger Reinhold Stecher, wie auch ein Schreiben von ihm bezüglich eines Verbots der Ritualfestspiele in Rinn deutlich macht:

*„Zunächst sind in dieser Angelegenheit eine Reihe von falschen Nachrichten, auch über mich, ausgeschickt worden. Wenn Sie also das christliche Ärgernis erleben, so erlebte ich in dieser Angelegenheit das jüdische Ärgernis. Sodann ist die Sache so: Dieses Spiel wird von einer Spielgruppe durchgeführt, die ihren eigenen Willen hat. Ich habe mit Hilfe des Herrn Prälaten von Wilten vor wenigen Wochen mit Mühe erreicht, dass sich diese Leute verpflichtet haben, dieses Spiel fünf Jahre lang nicht mehr aufzuführen. Vorher hatte ich von der Aufführung des Spieles überhaupt keine Kenntnis. Was nun die Ritualmorde rein historisch betrifft, so sind die Historiker hierüber verschiedener Ansicht. Eine große Zahl neigt durchaus nicht zu Ihrer Meinung. Es wird also hier zu berücksichtigen sein, dass es fundierte Meinungen gibt, die anderer Ansicht sind.*

*Im Gesamtzusammenhang der Dinge ist auf alle Fälle zu beachten, dass es immerhin die Juden waren, die unseren Herrn Jesus Christus gekreuzigt haben. Weil sie also zur NS-Zeit zu Unrecht verfolgt wurden, können sie sich jetzt nicht plötzlich gerieren, als ob sie in der Geschichte überhaupt nie ein Unrecht getan hätten. Das kann ja kein Volk von sich behaupten, auch das österreichische nicht.*

*Ich bemerke abschließend noch, dass es sich in Rinn überhaupt nicht um eine Judenhetze handelt, sondern um ein Spiel, das in einer volkstümlichen Art dem Volk eben Freude zu machen scheint. In ähnlichen Spielen werden ja auch oft die Bauern verulkt und zum Besten gehalten, ohne dass deswegen jemand Anstoß nehmen würde.*
*Diese Nachricht zu Ihren Diensten.*

*Mit freundlichen Segensgrüßen*

*Paul Rusch e. h."* [93/94]

Vielleicht ist dieser vordergründig eklatante Unterschied zwischen Paulus Rusch und Reinhold Stecher – die in anderen wesentlichen Punkten miteinander beinahe deckungsgleich übereinstimmen – so zu interpretieren, dass der erste Bischof von Innsbruck noch unter dem Eindruck einer mächtigen Kirche stand, deren Größe, Einfluss und Glanz der vorangegangenen Jahrhunderte er aufrechtzuerhalten versuchte, während sein Nachfolger, zu Anfang der 1980er-Jahre und danach, mit einer völlig anderen Kirchenrealität konfrontiert gewesen ist. Damals wurden die internen Hierarchien bereits geglättet, und der Verlust an unmittelbarer Wirkung gegenüber einer zunehmend säkularisierten Welt war weithin anerkannt, wodurch Reinhold Stechers Aufgabe gegenüber seinem Vorgänger vordergründig darin lag, den innersten Kern der Glaubenslehre und nicht deren strukturellen Überbau oder wild gewachsene Traditionen zu schützen.

„Natürlich müsste man sich darüber klar werden, an welchen Ästen die Früchte zukunftsträchtig schwerer hängen, oder wo ein Ast in einen Schattenwinkel hineinwächst, in dem nicht viel gedeihen kann. Wer einen Baum betrachtet, muss freilich alle Ungeduld ablegen. Bäume wachsen nicht im Zeitraffertempo der Macher. Vielleicht hat Christus für sein Reich absichtlich so viele Gleichnisse der Geduld gewählt: sprossende Bäume und reifende Saaten, nächtelang rudernde Fischer und wartende Jungfrauen mit Lampen ... und noch eines hat der Herr vom Baum wie vom Weinstock betont: dass die Vielfalt eine geheimnisvolle Einheit bildet, dass sich alles aus einem Stamm verzweigt, und sein Leben aus Wurzeln erhält, die in der Tiefe verborgen liegen. ... Im schlimmsten Fall muss halt das Amt auch einmal die Baumschere in die Hand nehmen ... aber wer hier nur Fehlentwicklungen zu sehen glaubte und nur den Verlust der Formen von gestern beklagt, der schaut den Baum weder mit den Augen des Glaubens noch mit denen der Liebe an."[95]

Große Hoffnung für „seine Kirche" legte Rusch in das Zweite Vatikanische Konzil, das 1962 von Papst Johannes XXIII. einberufen wurde und „für den Bischof von Innsbruck, der sich zeitlebens mit den geistigen Strömungen der Zeit vertraut machte, ein einschneidendes Erlebnis und prägendes Erlebnis" war, wie Reinhold Stecher es formulierte, und welcher damals nicht nur die Veränderung an Paulus Rusch wahrnahm,[96] sondern auch die Erkenntnisse, die sein Vorgänger aus Rom mitbrachte, für sich fruchtbar machte: „Bald drängte sich in der geistigen Arbeit ein anderer Gedanke in den Vordergrund, nämlich, die Kirche sei zu sehr verrechtlicht. Es wurde laut und deutlich gesagt, die Werte des Rechts seien nicht die höchsten Werte. Wir müssen vom Herrschen zum Dienen kommen, vom Recht zur Liebe! Naturgemäß handelt es sich hier um Dominatenbildung, anders gesagt, es handelt sich nicht um eine neue Werthierarchie, nicht darum, dass die

Leitungsgewalt aufgehoben werden soll, aber sie soll sich im Dienen zeigen, das Recht soll so überhöht werden vom Geiste der Liebe. Diese Auffassung hat sich durchgesetzt. Das Konzil spricht vom Dienstamt des Priesters, von den Rechten der Laien, nicht mehr: die einen werden verwaltet, die anderen verwalten (*sunt alii qui administrant et alii qui administrantur*)."[97]/[98]

Dieser Aufbruchsoptimismus bestätigte sich für Paulus Rusch jedoch nicht – „Ein Pfingsten der Kirche ist nicht gekommen." – und war wiederum bestimmend für seinen zunehmend restriktiven Kurs der kommenden Jahre: „Diese nachkonziliaren Erfahrungen ließen uns die Gefahren einer verzögerten Reform erkennen. Es war eine neue Richtung eingeschlagen worden, aber die Grenzen der neuen Richtung wurden übersprungen. Wer nämlich eine neue Richtung angibt, muss auch die Grenzen dieser Richtung deutlich markieren. Auf diese Weise wurde nun das Ansehen der Kirche weltweit beeinträchtigt. Viele Gläubige traten ja gerade aus diesem Grund aus der Kirche aus. Sie sagten, das ist nicht mehr unsere Kirche."[99]

So wurde aus dem einstmals vielleicht fortschrittlichsten Bischof von Österreich ein Bollwerk des innerkirchlichen Konservatismus – eine Reaktion auf die verschiedenen nachkonziliaren Entwicklungen, die man unter anderem auch bei Joseph Ratzinger bemerken konnte und die man ihm wie Paulus Rusch ankreidete und welche beim ersten Bischof von Innsbruck in eine allmähliche Vereinsamung führte.

Reinhold Stecher fand bis zum Tod von Paulus Rusch 1986 und darüber hinaus, tief empfundene Worte des Verständnisses für seinen Amtsvorgänger, den er vor allem im Lichte des Kämpfers gegen die Verfälschung jener Konzilsentwürfe sah, an denen er mitgearbeitet hatte: „[Es] wäre der Anlass gegeben, einmal einen Amtsträger in der Perspektive der Jahrzehnte zu sehen und vielleicht etwas von der Last zu ahnen, die die Jahre gehäuft haben, und auf diese Weise mehr Verständnis und Verbundenheit mit einem Menschen zu gewinnen, der diese Last zu tragen hatte. Diese Besinnung kann in einer Epoche nicht schaden, die an Autoritäten viele Forderungen stellt und die Rohre der Kritik ganz gern auf alte Festungen richtet – und dabei die Menschlichkeit verletzt, die sie ungestüm verlangt."[100]

## Das Zweite Vatikanische Konzil (1962–1965)

Wenngleich Reinhold Stecher nicht persönlich am Zweiten Vatikanum teilgenommen hat, so war er dennoch von dessen Geist durch und durch erfüllt und hat getreu nach dessen Beschlüssen entschieden und gehandelt. Für ihn war das Konzil ohne Zweifel der wichtigste Zeuge einer Kirche des allgegenwärtigen Engagements, welche ihre Stimme erhebt und hinter deren Worten ein reales Tun und Dienen steht,[101] so wie es sich Papst Johannes XXIII. wohl vorgestellt hat, als er von einem „neuen Frühling" und einem „neuen Pfingsten" sprach, das in der Kirche mit dem Konzil herbeigeführt werden sollte. Konsens herrscht rückblickend darüber, dass die spezifische Eigentümlichkeit des Zweiten Vatikanums darin besteht, dass Johannes XXIII. letztlich weder ein Lehr-, noch ein Reform- und auch kein Unionskonzil beabsichtigte, sondern einen neuen Konzilstyp mit der Bezeichnung „Pastoralkonzil" begründete. Der Papst wollte kein Konzil, das diese oder jene Frage der Doktrin oder Disziplin entscheidet, sondern eines, das auf den Anruf der Zeit anwortet, indem es der Welt eine Gesamtsicht von Kirche und Offenbarung vorlegt.
Spezifisch über die Ziele des noch jungen Konzils äußerte sich Kardinal König in einem Vortrag mit dem Titel „Das

Konzil und die Aufgaben der Kirche von morgen", den er am 20. November 1962 (einen Monat nach der Konzilseröffnung) an der Universität Wien hielt:

*„Das Konzil in Rom ist im Begriffe, seine etwas langsame, aber gleich zu Beginn spannungsgeladene Gangart zu beschleunigen. Die Vielzahl der Meinungen und Standpunkte in der Offenheit der Aussprache hat bei den offiziellen Konzilsbeobachtern Staunen hervorgerufen, und bei den Konzilsvätern hat die Freiheit der Meinung befreiend gewirkt. Die ängstlichen Gemüter haben Besorgnisse geäußert, als ob dadurch Gefahren für die Kirche entstünden. [...] Man kann gewiss kein Urteil über die zu erwartenden Resultate des Konzils fällen. Zwei Dinge scheinen sich nach meiner Meinung bereits in Umrissen abzuheben.*

*1. Die katholische Kirche wird sich in dieser einswerdenden Welt ihrer übernationalen Kräfte bewusst, die meiner Meinung nach viel zu lange brach gelegen sind.*

*2. Die Versammlung ließ [...] keinen Pessimismus oder Defaitismus spüren, sondern flößt neue Zuversicht und Selbstvertrauen der ganzen Kirche ein. So dürfen wir hoffen, dass diese Kirche durch ihre innere Erneuerung sich rüsten kann für die Mitarbeit an der einswerdenden Welt, um die großen Sorgen und Aufgaben der Menschheit von morgen meistern zu helfen. [...]*

*Es gehört zu den interessantesten Erfahrungen des Konzils, dass viele Probleme und Sorgen in allen Teilen der Welt von den Bischöfen ganz ähnlich empfunden werden und dass es auf diesem Weltparlament bei allen Diskussionen spürbar wird, wie sehr die Kirche sich manchen übersehenen Gegenwartsfragen zuwenden muss. [...]*

*Man wird mir entgegenhalten, dass die Kirche selber sich mancher Fehler im Laufe der Geschichte sich anzuklagen und sie zu bereuen habe. Wer sollte das bestreiten? Der Stifter der Kirche hat das größte Werk seiner Allmacht, nämlich Seine Kirche, den Händen sündiger und fehlerhafter Menschen anvertraut. Kein Einsichtiger wird heute versuchen, durch eine billige Apologetik das Versagen der Kirche zu beschönigen oder ihre gelegentlichen Verstrickungen in allzu weltliche Dinge zu leugnen. Dabei steht aber eines fest, Christus hat trotz solcher Fehler in der Kirche wahr gemacht, dass die Pforten der Hölle seine Kirche nicht überwältigen werden, das heißt, dass sie weder von außen noch von innen zu Fall gebracht werden könne. Auch Bischöfe und Priester und selbst Päpste haben sich in ihrem persönlichen Leben in Widerspruch gesetzt zum Worte ihres Meisters, dass Sein Reich nicht von dieser Welt ist. Aber gerade diese dunklen Zeiten der Geschichte der Kirche bezeugen sichtbar, dass die göttliche Hand am Werke ist und daher die ihr anvertraute Offenbarungs- und Heilslehre sowie die Lehre von den sittlichen, den naturrechtlichen Grundsätzen der gesellschaftlichen Ordnung bewahrt hat. Wir können darauf hinweisen, dass sich die Kirche durch die immer größere Loslösung von äußeren Verbindungen im vergangenen Jahrhundert immer mehr frei gemacht hat für ihre religiöse und sittliche Sendungsaufgabe. Ihr Ansehen und ihre Autorität sind heute vielleicht so groß wie noch nie in der Geschichte. [...] Das Konzil gibt uns allen die Hoffnung, dass eine erneuerte Kirche noch mehr als bisher Mahnerin und Lehrerin der Völker sein kann auf dem Wege zur Weltordnung.*

*Unsere Zeit leidet noch immer an den Irrtümern des 19. und beginnenden 20. Jahrhunderts. Man hat die Erkenntnisse und Methoden der Naturwissenschaft und Technik*

67

*über ihren Zustandsbereich ausgedehnt. Denn über die physische Wirklichkeit hinaus gibt es noch eine andere Realität, wir nennen sie Metaphysik, die nicht von den Gegebenheiten der Sinne abhängt. Nun hat man aber das Heil der Welt und des Menschen nur von der Entfaltung der technischen Kräfte erwartet. Dem technischen Fortschritt entspricht leider nicht der Geisteszuwachs an sittlichen und religiösen Kräften. Ob die Entwicklung der naturwissenschaftlichen und technischen Kräfte zum Segen oder Fluch der Menschheit wird, liegt nicht in deren eigener Gesetzlichkeit, sondern hängt von den geistigen und sittlichen Kräften des Menschen ab. Der Erstarkung dieser geistigen und sittlichen Kräfte durch religiöse Erziehung zu dienen, durch das christliche Gewissen die Weltöffentlichkeit für den Frieden zu beeinflussen – das sind die Hauptaufgaben, denen heute übrigens große Bedeutung zukommt. Das Mühen des ganzen [Zweiten] Vatikanischen Konzils geht in seiner gesamten Tendenz auch in diese Richtung.*"[102]

Allen diesen Ansinnen des Konzils verpflichtete sich Reinhold Stecher zur Gänze, auch wenn er, wie sein Vorgänger im Bischofsamt, konkrete Probleme in dessen vollständiger Umsetzung sah: „[Die] nachkonziliare Fahrstrecke kennt nicht nur die Entfaltung, sondern auch die Störungen des Miteinander: Schwierigkeiten im Bereich von Hierarchie und Basis; ungelöste Fragen im Verhältnis von Ostkirche und Zentrale; das uralte, im ersten Jahrtausend der Kirche gültige Gesetz, dass für das Amt in der Kirche auch das Vertrauen von unten da sein muss, und dass man mit einem System von Weisungen und Loyalität allein nie das Auslangen findet, wird von manchen für unwichtig gehalten; und dass aktive Mitverantwortung immer auch eine gewisse Form von Mitsprache erfordert, hat sich als allgemeine Erkenntnis nicht überall durchgesetzt."[103]

Nichtsdestotrotz bleibt er von der grundsätzlichen Richtigkeit des Konzils und seiner Beschlüsse überzeugt und verteidigte diese mehrmals vehement: „Ich lass mir die Fenster, die Papst Johannes XXIII. aufgemacht hat, von niemanden mehr zuschlagen."[104]/[105]

# KAPITEL 5

*„Ich werde niemals eine ‚Exzellenz' sein, aber ‚Herr Bischof' klingt doch auch recht gut"*[106]

# Der (Volks)Bischof von Innsbruck

Obwohl der scheidende Bischof von Innsbruck, Paulus Rusch, keinen Hehl daraus machte, dass er Reinhold Stecher als seinen Nachfolger favorisierte – „Ich halte ihn für einen guten Mann!"[107] – und auch sonst alle Zeichen äußerst günstig für den bevorstehenden Machtwechsel in der Diözese standen, nahm Reinhold Stecher sein Amt mit einem gewissen inneren Schrecken an: „Wenn er in den Monaten vor seiner Bischofsweihe in einer stillen, dunklen Kirche saß, oder bei einer Bergtour, allein vorauseilend, sich vergaß, konnte man an seiner bockigen Körperhaltung und seinem heftigen Gestikulieren ablesen, dass alles in ihm auf Abwehr und Widerspruch stand. Und doch: Dem vehementen Wunsch von Kirchenvolk und Klerus konnte er sich nicht entziehen."[108] Reinhold Stecher wurde somit dem allgemeinen Wunsch nach am 25. Januar 1981 im Dom zu St. Jakob zum zweiten Diözesanbischof von Innsbruck geweiht. Sein Wahlspruch lautete „Servire et confidere" („Dienen und vertrauen") und war ebenso klar wie verbindlich für den neuen Oberhirten: „Es kommt auch der Autoritätsvorstellung Jesu sehr nahe, der immer von einer dienenden Amtsausübung gesprochen hat."[109]

Im Besonderen verweist sein Plädoyer für einen „integrativen Führungsstil", den er sowohl sich selbst als auch der Gesamtkirche zur Aufgabe stellte, auf den einzigartigen *modus operandi* von Bischof Reinhold Stecher: „Ich wünsche mir in der Kirche den integrativen Führungsstil. Er versucht, die Kirche in einem Geist des Miteinander zu leiten, eine Vertrauensbasis mit möglichst vielen als selbstverständliche Voraussetzung anzustreben und die Gläubigen über die verschiedenen Gremien auch wirklich und nicht nur scheinbar mitreden zu lassen, wo es möglich ist. Dieser integrative Führungsstil ist keineswegs eine Auflösung des Lehramtes. Papst und Bi-

DIENEN
UND
VERTRAUEN

*Bischofswappen von Reinhold Stecher*

schöfe werden immer wieder, wenn es wirklich nötig ist, eine
Entscheidung für die geoffenbarte Wahrheit treffen müssen.
Aber in dieser Wahrheitsfindung weiß der Bischof, der den
integrativen Führungsstil verwirklichen möchte, dass er auf
tausend andere angewiesen ist, von der Erfahrung einfa-
cher gläubiger Eheleute bis zum Professor für Exegese. Und
er weiß, dass er durch die Weihe nicht einfach gescheiter
geworden ist und dass die Wahrheit nicht einfach bei ihm

aufgehoben ist, sondern durch die ganze Kirche strömt, auch wenn er bei Anwendung allen guten Willens auf den Beistand des Heiligen Geistes hoffen darf. Der integrative Führungsstil wird von manchen als gefährliche ‚Demokratisierung' der Kirche abgetan. Das ist er nicht, und er bedeutet keineswegs die Auflösung des Amtes. Dieser Stil entspricht der Heiligen Schrift, wie jeder aufmerksame Leser feststellen kann; er wird durch die besten pastoralen Traditionen bestätigt; er ist der Stil, den die großen Heiligen für ihre Orden geschaffen haben; er entspricht dem Kirchenbild des Zweiten Vatikanums; und er folgt den Regeln des schlichten Hausverstandes."[110]

Im Konkreten hieß das für die Ausübung seines Bischofsamtes: „Das eine, was ein Bischof wohl leisten soll, ist so eine Art *Wachdienst* vor der Schatzkammer des Glaubens. Er muss dafür Sorge tragen, dass von dieser Substanz der Botschaft nichts verloren geht, gestohlen oder unterschlagen wird. Und dass man immer wieder auf die Wurzeln unserer christlichen Existenz zurückkommt, weil diese Tiefen von den Auseinandersetzungen des Alltags leicht überdeckt und überspielt werden.[111]

Eine andere Aufgabe des Bischofs im Bereich der Verkündigung ist sicher im Wort ‚Bischof' angedeutet. ‚Episkopos' heißt griechisch doch ‚der, der darüber hinschaut', und ich lege das in besonderer Weise dafür aus, dass die kirchengeschichtliche Stunde immer dort schlägt, wo die ewige Botschaft und die Ströme der Zeit ineinanderfließen. Und da braucht es vielleicht doch so etwas wie einen ‚Dienst der Übersicht', ein weitgespanntes *Hineinhorchen* in ebendiese Ströme der Zeit, in ihre trüben Defizite und ihre klaren Chancen und Hoffnungen, und auch in die Veränderungen, die heute in den Menschen und Gesellschaften schneller vor sich gehen als in vergangenen Jahrhunderten. Natürlich müssen wir diese Wachheit der Zeit gegenüber allen üben. Und vielleicht darf und soll der Bischof aus dem Überblick heraus diesen Dienst versuchen, den ihm nun einmal sein Amt heute präsentiert. Ich hielte das für sehr wichtig in der Kirche von heute, und

# Verordnungsblatt

für die

## Diözese Innsbruck

| 56. Jahrgang | 10. Jänner 1981 | Nummer 1 |
| --- | --- | --- |

### Inhalt:

1. Mons. Prof. Dr. Reinhold Stecher – Bischof von Innsbruck

## Mons. Prof. Dr. Reinhold Stecher – Bischof von Innsbruck

Papst Johannes Paul II., der das Rücktrittsgesuch unseres Diözesanbischofs Dr. Paul Rusch am 13. August 1980 angenommen hatte, hat nun am 20. Dezember 1980 den Diözesanpriester Mons.

### Dr. Reinhold Stecher,

Professor für Religionspädagogik an der Pädagogischen Akademie des Bundes in Innsbruck, zum

### Bischof von Innsbruck

ernannt.

Bischof Dr. Paul Rusch wird am Sonntag, 25. Jänner 1981, 15 Uhr, im Dom zu St. Jakob in Innsbruck seinem Nachfolger die Bischofsweihe erteilen und die feierliche Amtseinführung vornehmen.
Die Einladungen zu dieser Feier, die auch vom ORF im Fernsehen und Hörfunk direkt übertragen wird, sind in diesen Tagen ergangen.

Ad multos annos!

Bischöfliches Ordinariat Innsbruck

10. Jänner 1981          Dr. Josef Hammerl, Generalvikar

Eigentümer und Herausgeber: Bischöfliches Ordinariat Innsbruck – Für den Verlag und den Inhalt verantwortlich: Dr. Josef Hammerl, alle Innsbruck, Wilhelm-Greil-Straße 7
Druck: Tyrolia Innsbruck, Exlgasse 20

*Verordnungsblatt, Diözese Innsbruck, 10. Jänner 1981*

es belastet mich, wenn in unserer Kirche diese Wachheit und nachdenklich-fromme Offenheit schwindet.

Vielleicht darf ein immerhin alter Bischof auch noch ein Drittes einbringen: ein Stück Erfahrung. Erfahrungen aus Tausenden von Briefen und Gesprächen, aus dem Besuch von Hunderten von Pfarrgemeinderäten und Gremien, aus unzähligen Kontakten mit allen Arten und Gruppierungen beruflicher und weltanschaulicher Prägung, aus vielen tausend Beichten, aus der Geschichte seelsorgerischer und organisatorischer Initiativen, aus ihrem Gelingen und Scheitern, und aus einer großen Literatur. Aus allem zusammen ergibt sich ein Dienst der Ermutigung, der – so Gott will – nicht in Illusion, sondern in jener Wahrheit gründet, die frei macht."[112]

## „Wenn ihr standhaft bleibt, werdet ihr das Leben gewinnen":[113] Die Seligsprechung von Pfarrer Otto Neururer

Die äußerst persönlich geprägte Beziehung von Reinhold Stecher zu Otto Neururer ist eine feste Konstante im Leben des Innsbrucker Bischofs, der in dem seligen Pfarrer von Götzens gerade deshalb ein Vorbild für jedermann sah, weil an ihm nichts Übermenschliches gewesen war, bis zu dem entscheidenden Moment, als er für seine tiefsten Überzeugungen einstehen musste und für diese sogar sein Leben gab.[114]/[115] Insbesondere ist es dieser besagte Mangel an alltäglichem Heroismus, der Otto Neururer zu einer nahestehenden und vor allem greifbaren Leitfigur für alle Gläubigen macht, nach der es sich allemal zu orientieren lohne, wie Reinhold Stecher bei unzähligen Gelegenheiten betonte. Er selbst hat seinen ehemaligen Katecheten aus Kindheitstagen immer wieder als Fürbitter und Helfer in verschiedenen Lebenslagen angerufen,[116] wie er ihn später seinem Nachfolger Alois Kothgasser ebenfalls anempfohlen hat: „Nach meiner Ernennung zu seinem Nachfolger kam ich erstmals am 14. Oktober 1997 ins Bischofhaus in Innsbruck. Nach wenigen Sätzen waren wir

*Porträt des seligen Otto Neururer in der Pfarr-*
*kirche Götzens*

beim brüderlichen Du. Bald waren wir uns einig, dass meine
Bischofsweihe am Christkönigsfest, den 23. November 1997,
ein Jahr nach der Seligsprechung von Otto Neururer und Josef Gapp, im Dom zu Sankt Jakob stattfinden sollte. Bei dieser
Begegnung überreichte er mir die Brille von Pfarrer Otto Neururer und eine Reliquie des heiligen Aloisius, die er einst von
seinen Verwandten erhalten hatte. Gemeinsam machten wir
damals eine Wallfahrt nach Götzens, um unser Anliegen dem
Seligen Otto Neururer zu empfehlen."[117]

Die Verehrung Otto Neururers hatte bald nach dessen Ermordung im KZ Buchenwald begonnen – die Asche des Pfarrers
von Götzens war in seine Tiroler Gemeinde geschickt und un-

ter großer Anteilnahme der Bevölkerung beigesetzt worden. Die Seelenmesse las der später ebenfalls von den Nazis zum Tode verurteilte und hingerichtete Provikar von Tirol, Carl Lampert, der damals schon keinerlei Zweifel an dem echten Märtyrertum und somit an der „Heiligkeit" Otto Neururers aufkommen ließ, der sich bereits vor seiner Verhaftung mit Aussagen wie „Ein Regime, das Volk und Führer an erste Stelle stellt, ist gottlos" oder „Gott liebt alle Menschen, auch die Juden"[118] für die Nazis höchst verdächtig gemacht hatte.

Den finalen Anlass für seine Verhaftung gab der ansonsten schüchterne Pfarrer mit dem altmodisch hohen Priesterkragen, der von seiner Erscheinung her eigentlich das Bild eines Antihelden abgab,[119] jedoch, als er der jungen Bäuerin Elisabeth Eigentler aus seiner Gemeinde davon abriet, den geschiedenen SA-Mann Georg Weirather zu heiraten, und ihr außerdem dabei half, einen ablehnenden Brief an ihn zu verfassen, woraufhin dieser Otto Neururer bei der Gestapo in Innsbruck denunzierte, die ihn dann am 15. Dezember 1938 inhaftierte und am 3. März 1939 zuerst ins Konzentrationslager Dachau verlegen ließ.[120] Aus dieser Zeit berichtet unter anderem ein prominenter Zeitzeuge – der ehemalige österreichische Bundeskanzler Julius Raab, der sich ebenfalls in Dachau in KZ-Haft befand: „Pfarrer Neururer war für uns Verzweifelte eine große Hilfe. Er hat so viel Güte und Glaubensfestigkeit ausgestrahlt, dass viele sich an ihn als Seelsorger gewandt haben. Die Lagerleitung hat das bemerkt – und deshalb wurde er wohl nach Buchenwald verlegt, und deshalb ist er auch ermordet worden."[121] Ins KZ Buchenwald wurde Otto Neururer am 26. September 1939 überstellt, wo er mehreren Zeugenberichten zufolge seiner seelsorgerischen Tätigkeit weiterhin mit voller Entschlossenheit nachkam – was ihn letztlich auch das Leben kostete: „Ein Häftling ist an ihn herangetreten mit der Bitte, ihn mit der Kirche auszusöhnen. Neururer erzählte mir den Fall und fragte mich um Rat. Ich warnte ihn und mahnte ihn zur Vorsicht. Doch er lächelte mich treuherzig an und meinte in seinem priesterlichen Eifer: ,Ich bin mir ganz sicher, dass alles in Ordnung ist.' Ich wünschte ihm Glück und ahnte nicht, dass er mir zum letzten Mal die Hand gedrückt hatte. Er war wirklich einem Provokateur in die Hände gefallen."[122] Am 30. Mai 1940 wurde Otto Neururer tot im Bunker des KZ Buchenwald gefunden, wo er zur Bestrafung tagelang mit dem Kopf nach unten aufgehängt worden war – auf dem Totenschein, der ins Pfarramt nach Götzens geschickt wurde, stand als Ursache seines plötzlichen Ablebens „akute Herzschwäche". Allerdings weiß man heute mit einiger Sicherheit, dass man die Fußgelenke der Häftlinge wahrscheinlich mit Lammfellen umwickelte, damit die Eisenketten keine Spuren an den Knöcheln hinterließen, während man sie bis zum Tod durch Hirnschlag kopfüber aufhängte.

Bereits wenige Wochen nach seiner Bischofsweihe erreichte Reinhold Stecher am 3. Juni 1981 das „Sublex libellius", das sogenannte Bittschreiben zur Einleitung des Seligsprechungsprozesses vom Postulator der Causa, Monsignore Stephan Mösl. Schon seit 1952 waren unter anderem unzählige Berichte über Otto Neururer[123] und die an ihn gerichteten Gebetserhörungen zusammengetragen und gesammelt worden:

*„Die gewichtigen Gründe, die uns bewegen, um diese Gnade einer Seligsprechung von Seiten der Leitung der Kirche zu bitten, sind folgende:*

*1. Die ‚fama sanctitatis' (der Ruf der Heiligkeit) des Diener Gottes, die besonders bei seiner brutalen Hinrichtung ganz offenkundig wurde, erfasst immer breitere Kreise und hat schon die Grenzen unseres Landes Tirol überschritten.*

*2. Das heroische Vorbild seines Glaubens und seiner priesterlichen Treue zu Christus, zur Kirche und zu der ihm von seinem Bischof anvertrauten Pfarrgemeinde, sein mutiges*

79

*Eintreten für die Heiligkeit und Unauflöslichkeit des Sakraments der Ehe, sowie ein priesterliches Wirken unter seinen Mithäftlingen in den Konzentrationslagern (Dachau und Buchenwald) besiegelte er mit einem in gläubiger Ergebenheit erlittenen Martyrium ,in odium fidei et sacerdotii'.*

*3. Ein besonders ekklesiologischer und spiritueller Gesichtspunkt, der für die Formung der Priester von heute bedeutungsvoll ist, ist dieser: eine offizielle Anerkennung und Würdigung dieses seines priesterlichen Vorbildes, gelebt in Treue zu seiner Berufsgnade bis zum letzten Atemzug, da seine Peiniger sein irdisches Leben auslöschten, wird gerade in unserer gegenwärtigen Zeit, die von einer Krise des Priestertums gezeichnet ist und von einer großen Rollenunsicherheit vieler Priester in der modernen Gesellschaft zeugt, für viele Priester und Priesteramtskandidaten eine große geistliche Hilfe sein.*

*Pfarrer Neururer hat mit seinem stillen und von großer Demut ausgezeichneten Leben klar gezeigt, welche die entscheidenden Werte des christlichen Glaubens und des priesterlichen Dienstes sind. Er hat uns gezeigt, dass Kreuz und Leid zu den edelsten Elementen des Priesterlebens zählen. Wer durch Passion und leidvollen Tod hindurchgehend Christus nachfolgt, wie er es getan hat, erfüllt im vollsten Sinne das Wort des Herrn:*

*,Wenn einer mir nachfolgen will, so verleugne er sich selbst und er nehme sein Kreuz auf sich und so folge er mir nach. Denn wer sein Leben retten will, der wird es verlieren; wer aber sein Leben um meinetwillen verliert, der wird es finden.' (Mt 16,24-25)'*[124]

Neben diesem offiziellen Dokument war es aber vor allem die persönliche Begegnung mit einem ehemaligen Mithäftling von Otto Neururer, die Reinhold Stecher dazu ermuntert hat, so rasch in den Seligsprechungsprozess einzutreten: „Als ich Bischof wurde, kam ein Bergbauer aus dem Obernbergtal zu mir und sagte: ‚Herr Bischof, ich war der Letzte, der im KZ Buchenwald neben Neururer auf der Pritsche gelegen ist. Von mir weg wurde der Otto in den Todesbunker geholt. Ich muss Ihnen etwas sagen: Wenn der Otto kein Heiliger ist, dann gibt es keine. Neururer hat bei diesem Hunger noch das letzte Brot geteilt. Und er hat über seine Peiniger, die ihm übelst zugesetzt haben, nie ein böses Wort gesagt.‘ Daraufhin habe ich dann mit dem Prozess begonnen.“[125]

Obgleich Bischof Reinhold Stecher die Abertausenden Selig- und Heiligsprechungen, welche unter Papst Johannes Paul II. seinerzeit vorgenommen wurden, überaus kritisch sah, war er, was die Benefikation von Otto Neururer betraf, vollauf von deren weitreichender Wichtigkeit überzeugt, zumal er in dem Tiroler Märtyrerpriester nicht nur – wie im „Sublex libellius" vorrangig erwähnt wurde – dessen Vorbildhaftigkeit für den geistlichen Stand erkannte, sondern ebenso einen echten „Volksheiligen". „Ich bin davon überzeugt – Tirol braucht eine Leitfigur, einen Helden,[126] einen Fürbitter wie Pfarrer Neururer. Wir brauchen einen, der die Tiroler zwischen Autobahn und Schilift, zwischen Parkplätzen und Diskotheken, zwischen Übernachtungsziffern und Banknoten an den geheimnisvollen, unendlichen, gütigen Gott erinnert, der unser Anfang und unser Ende ist. Ich möchte in besonderer Weise einen Patron für die Familie, einen Patron für die Katecheten, und dann brauchen wir einen Patron für Priester und Priesterberufe. Wir sollen Pfarrer Otto Neururer anrufen. Ich kann schon bezeugen, dass er hilft. Mir hat er in sehr schweren Anliegen der Diözese auffallend geholfen. Ich wünsche mir, dass ihr ihn auch als Fürbitter entdeckt."[127]
In seinem Gesuch zur Eröffnung des Seligsprechungsprozesses vom 25. März 1982 an Pietro Kardinal Palazzini folgt

er dementsprechend dem vorausgegangenen Bittschreiben des Postulators, und ergänzt dies um seine innere Überzeugung:

*„Für eine Seligsprechung sehe ich als Bischof der Diözese Innsbruck eine Reihe gewichtiger Gründe.*

*1. Die ‚fama sanctitatis' des Dieners Gottes erfasst immer breitere Kreise und hat auch schon die Grenzen des Landes Tirol überschritten. Besonders beeindruckend waren für mich die Zeugnisse jener, die ihn in der Zeit des schwersten Leids im Konzentrationslager kennengelernt haben.*

*2. Der Grund für seine Verhaftung war seinerzeit sein mutiges Eintreten für die christliche Ehe. Da gerade die christliche Ehe und Familie in unserer gesellschaftlichen Situation besonders gefährdet erscheint, würde eine Seligsprechung auch in dieser Hinsicht ein leuchtendes Zeichen für jene Werte sein, die heute so leicht über Bord geworfen werden.*

*3. Trotz brutalster Behandlung und der Erduldung größten Unrechts gab es keinen einzigen Zeugen, der in den Jahren schwersten Leids jemals ein bitteres Wort über seine Peiniger von ihm gehört hätte. Er war zutiefst von Verzeihungsbereitschaft erfüllt. Sein Widerstand gegen das Unrechtsregime des Nationalsozialismus war fern jeder Gewaltanwendung. Seine einzige Waffe waren die Liebe und das Gebet. In dieser Hinsicht könnte Pfarrer Otto Neururer auch zu einer Heldengestalt jenes gewaltfreien Widerstands werden, der heute weiten Kreisen der Jugend so nahe steht.*

*4. Sein ganzes Wirken war von einer tiefen Kirchlichkeit geprägt. Er hat seine priesterliche Verpflichtung auch dort noch ernst genommen, wo ihre Ausübung mit dem Tod bedroht war. So wurde seine Bereitschaft zum priesterlichen*

Dienst am Menschen zum unmittelbaren Anlass seiner Ermordung. Damit wäre Pfarrer Neururer eine Leitgestalt für die Priester und Priesteramtskandidaten.

5. *Der Terror des Nationalsozialismus hat unserem Land die ersten Märtyrer[128] geschenkt. Es ist eigentlich kaum zu verantworten, dass die Kirche angesichts der Desavouierung alles Heldischen in einer verbürgerlichten Konsumgesellschaft ihre eigenen Helden verschweigt und vergisst. Wir dürfen uns dann nicht wundern, wenn sich die Jugend ihre Helden und Vorbilder anderswo in billigen Ersatzformen sucht. Da ich selbst 30 Jahre in der Jugendseelsorge tätig war, weiß ich um dieses Bedürfnis nach echten Vorbildern, Pfarrer Neururer hätte alle Voraussetzungen dafür. Auch aus diesem jugendpastoralen Grunde bitte ich um die Seligsprechung.*

6. *Pfarrer Neururer hat mit seiner stillen und demütigen, aber zutiefst frommen Art auch die besten Seiten seines Volkes zum Ausdruck gebracht. Gerade in unserem Land Tirol, das das fremdenverkehrsintensivste Land der Welt ist, brauchen wir in diesem so gefährlichen Trend der Veräußerlichung das innerlich, tieffromme und den ewigen Werten zugewandte Leitbild dieses edlen Priesters.*

*Pfarrer Neururer, der in seinem Leben den Weg des Erlösers bis zum Kreuz gegangen ist, hat den Ruf der Nachfolge Christi in einer für unsere Zeit eindrucksvollen Weise verwirklicht. Die Werte, für die er gestorben ist, sind von höchster Aktualität.*

*Von diesen Gründen bewogen, erlaube ich mir, um die Eröffnung des Seligsprechungsprozesses für den Diener Gottes Otto Neururer zu bitten und dieses Anliegen ihrem wohlwollenden Urteil anheimzustellen."[129]/[130]*

In seinem Bestreben unterstützt wurde Bischof Reinhold Stecher unter anderem vom damaligen Wiener Erzbischof Franz Kardinal König, der schon im Vorfeld, am 27. Januar 1982, in der Causa Neururer an den Heiligen Vater in Rom geschrieben hatte, und nochmals, vier Jahre später, von der Österreichischen Bischofskonferenz, die in einem von allen Mitgliedern unterschriebenen Brief an Papst Johannes Paul II. nachdrücklich die Bitte um ein beschleunigtes Verfahren zur Seligsprechung Otto Neururers zum Ausdruck brachte.

Letztlich dauerte es aber noch bis Ende 1995, bis die Echtheit des Martyriums von Otto Neururer vom Vatikan bestätigt wurde und Papst Johannes Paul II. am 12. Januar 1996 das Dekret zur Seligsprechung und dessen Veröffentlichung wie dessen Hinterlegung bei den Akten der Kongregation für die Heiligsprechung anordnete.[131] In einem offiziellen Schreiben aus dem Vatikan an den damaligen Vorsitzenden der Österreichschen Bischofskonferenz, Bischof Johann Weber, hatte es schon geheißen, die Seligsprechung Otto Neururers solle während des dritten Papstbesuches in Österreich, von 19. bis 23. Juni 1998, in Wien am Heldenplatz stattfinden,[132] zusammen mit den Benefikationen der Geistlichen Jakob Kern und Anton Maria Schwartz sowie der Ordensschwester Maria Restituta Kafka.

Allerdings wurde dieser Plan nicht weiterverfolgt und zugunsten eines anderen Datums und Ortes fallengelassen. Otto Neururer wurde am 24. November 1996 – im Beisein seines ehemaligen Schülers, Bischof Reinhold Stecher – von Papst Johannes Paul II. in Rom seliggesprochen: „Mit Otto Neururer wird das Bescheidene, Kleine, Unscheinbare, Unbeachtete, hier wird der ‚Nobody‘ der Gesellschaft auf das Podest gestellt, aber mit ihm die stille Größe der Menschheit. Über den schlafenden Petersplatz, der von tausend Jahren Weltgeschehen und großen Szenen der Kirchengeschichte träumt, weht ein Hauch von Bauernbrot und Quellwasser und dem Wesen des Christseins, wie es aus den Herrgottwinkeln der Heimat strahlt."[133]

# „Es gibt immer wieder die Entfremdung vom Zentralen des Christentums ...":[134] Der Streit um das „Handbuch der Engel"

Obgleich Reinhold Stecher in keinem seiner Bücher und der darin wiedergegebenen, allerseits bekannten Lebenserinnerungen auf das sogenannte „Engelwerk" ausdrücklich Bezug nimmt, beschäftigte ihn der strittige Fall dieser frommen Vereinigung (*pia unio*) schon seit den frühen Nachkriegsjahren. Bereits 1951 hatte er von Bischof Paulus Rusch den Auftrag erhalten, ein Gutachten über die damals noch junge Bewegung rund um die Seherin Gabriele Bitterlich und ihre verschriftlichten Privatoffenbarungen zu verfassen – damals wie später stand er dem „Opus Sanctorum Angelorum" äußerst ablehnend gegenüber, konnte diesem aber erst als amtierender Bischof von Innsbruck die Grenzen ihrer doch recht „ausgedehnten Phantastik und zum Teil abergläubischen Behauptungen"[135] aufzeigen.

Es ist nicht der richtige Ort, um näher auf die Biografie der Gabriele Bitterlich einzugehen, nur so viel sei dennoch erwähnt: Als Gabriele Göhlert am 1. November 1896 in Wien geboren, kam sie über Umwege nach Innsbruck, wo sie am 23. Mai 1919 den Rechtsgelehrten Hans Bitterlich heiratete[136] und wo sie mit Unterbrechungen bis 1953 lebte, bevor sie, nachdem sie zwanzig Jahre in ihrer Geburtsstadt Wien gelebt hatte, auf der Burg St. Petersberg in Silz in Tirol am 4. April 1978 starb.

Nach ihrem eigenen Bekunden hatte Gabriele Bitterlich schon als vierjähriges Kind Visionen von Engeln und Dämonen, die mit den Jahren immer häufiger und deutlicher wurden und 1961 schließlich zur Gründung des „Engelwerks" führten. Im Jahr 1948 hatte der Beichtvater von Gabriele Bitterlich, Kaplan Othmar Fischer, erstmals von ihren Privatoffenbarungen erfahren und dies an den damaligen Apostolischen Administrator, Bischof Paulus Rusch, gemeldet, der bald darauf Monsignore Walter Waitz mit der Seelenführung der vermeintlichen „Seherin" beauftragte. Dieser sammelte auch die ersten Texte von Gabriele Bitterlich,[137] die unter anderem Papst Pius XII. übergeben wurden und damals noch keine Bedenken an der neuen „Lehre" provozierten.[138] Ab diesem Zeitpunkt nahm sich Bischof Rusch persönlich der Gabriele Bitterlich an.

Er las alle ihre Schriften, ließ sie von ausgewählten Theologen – auch Reinhold Stecher war unter ihnen – überprüfen und ordnete sogar eine medizinische Untersuchung der „Seherin" durch den renommierten Innsbrucker Hirnforscher Prof. Dr. Hubert Urban, seinerzeit Ordinarius für Neurologie und Psychiatrie, an, der jedoch keine medizinischen Auffälligkeiten feststellen konnte. In der Folge genehmigte Bischof Paulus Rusch am 20. April 1961 für die Administratur Innsbruck-Feldkirch eine „Schutzengel Bruderschaft" und erlaubte außerdem den allmählichen Ausbau der Burg St. Petersberg zum klösterlichen Sitz der wachsenden Bewegung.

Trotz dieses vielversprechenden Anfangs des „Opus Sanctorum Angelorum" erhitzten sich bald darauf die Gemüter, wenn die Sprache auf das „Engelwerk" kam. Schnell hieß es, die „fromme Vereinigung" sei in Wirklichkeit eine Sekte, die vom eigentlichen Kern der christlichen Lehre abgerückt sei, der nur in Jesus Christus zu finden ist, welcher einzig und allein als Mittler zwischen Gott und den Menschen fungiere, während die Heilstheologie des „Engelwerks" unter anderem an dieser Stelle die „Himmelboten" und insbesondere das Wirken der Gottesmutter Maria sehe.
Der Weihbischof von München und Freising, Kardinal Soden-Fraunhofen, war ein Hauptvertreter dieser weitreichenden Kritik: „Es war im Jahr 1965, als einige südbayrische Diözesen erstmals offiziell mit dieser Bruderschaft befasst wurden.

Schon vorher wurde von Spannungen berichtet, die vor allem in Schwesternkonventen entstanden und zwar dadurch, dass sich Schwestern, die sich dem Engelwerk angeschlossen hatten, dem Gemeinschaftsleben des Konvents immer wieder entzogen, ohne über ihr Verhalten Auskunft zu geben. ... Außerdem machte sich, gefördert durch einige Jugendseelsorger, bei der Jugend eine eigenartige Engelverehrung bemerkbar. Niemand wusste Genaueres. Briefe gingen zwischen den Bistümern hin und her. Deutlich wurde immerhin, dass dieses Sodalitium von Innsbruck ausging, wo es vom dortigen Bischof kanonisch errichtet wurde. ... Von vornherein ist zu sagen, dass diese Theologie in ihrer Darstellung eines grandiosen Weltbildes und der darin eingebetteten Engellehre weit über die klassische Lehre der Kirche hinausgeht."[139]

Über zwanzig Jahre schwelte der Streit um die „Irrlehre" des „Engelwerks" – vor allem aber das „Handbuch der Engel" war Auslöser und letzten Endes Hauptgrund für dessen Niedergang. Darin sind nicht die Privatoffenbarungen der Gabriele Bitterlich vollständig erfasst, sondern in der Hauptsache beinhaltet es eine lexikalische Übersicht zu Engeln und Dämonen sowie eine Vielzahl von Verboten, die ebenso weltfremd wie fernab der ursprünglichen Spiritualitätslehre des „Engelwerks" und seiner Gründerin sind, etwa die Untersagung von Kino- beziehungsweise Freibadbesuchen. Zudem werden in diesem Kontext so zweifelhafte Vokabel wie „jüdische Dämonen" angeführt, die einer rigorosen Klärung bedürften, besonders eingedenk dessen, dass die Verbreitung des „Handbuchs der Engel" von Gabriele Bitterlich strengstens untersagt wurde.[140]
Seinen vorläufigen Höhepunkt erreichte die Auseinandersetzung um das „Opus Sanctorum Angelorum" am 25. März 1988, als Friedrich Kardinal Wetter, der damalige Erzbischof von München und Freising, im Einklang mit der Vollversammlung der Deutschen Bischofskonferenz folgenden Verwaltungsbefehl ausgab:

*„Ich untersage allen Priestern, die der Schutzengelbruder-
schaft des Engelwerks, der Priestergemeinschaft des Opus
Angelorum, dem Orden vom Hl. Kreuz ... oder dem Sani-
tas e. V. angehören und deren Lehren und Ziele vertreten,
Exerzitien, Einkehrtage oder ähnliche Veranstaltungen in
der Erzdiözese München und Freising zu halten.*

*Ebenso entziehe ich den genannten Priestern gemäß c.764
CIC die Predigterlaubnis für den Bereich der Erzdiözese
München und Freising, da die von diesen Priestern ver-
kündete Engellehre mit der Engellehre der Kirche nicht in
Einklang steht. Von diesem Entzug der Predigterlaubnis
sind der Erzdiözese München und Freising inkardinierte
Priester ausgenommen, da gegen diese, sollten sie in ihrer
Verkündigung Lehren vertreten, die nicht im Einklang mit
der Lehre der Kirche stehen, auf andere geeignete Weise
vorgegangen wird.*

*Das Verbot, Exerzitien und Einkehrtage zu halten, sowie
der Entzug der Predigterlaubnis bezieht sich auf den ganzen Bereich der Erzdiözese Innsbruck und Freising, und auf
Kirchen und Kapellen, die Ordensinstituten, selbst solchen
des päpstlichen Rechtes, gehören ... und auf alle Personen-
gruppen, auch wenn ihre Veranstaltungen nicht öffentlich
sein sollten.*

*Priestern, die dem oben genannten Verwaltungsbefehl zu-
widerhandeln, werden zur Strafe alle Handlungen, die Wei-
hegewalt voraussetzen, verboten ...*

*Ich bin überzeugt, dass die Maßnahmen beitragen, Unsi-
cherheiten, die durch Aktivitäten des Engelwerkes entstanden sind, zu beseitigen und den Glauben in unserem Erz-
bistum unverfälscht zu bewahren."*

Es sollte nicht lange dauern, bis die Österreichische Bischofskonferenz zu derselben Entscheidung fand[141] und dass Reinhold Stecher als amtierender Bischof von Innsbruck, wovon „dieses Sodalitium" ja ausgegangen war, klare Worte in dieser Causa fand:

*„Die österreichischen Bischöfe haben unmissverständlich zum Ausdruck gebracht, dass sie gegen jede Verbreitung der sogenannten Privatoffenbarungen über die Heiligen Engel durch das Engelwerk sind. Ebenso dürfen die Aktivitäten, die von deutschen Bistümern verboten wurden, nicht nach Österreich transferiert werden.*

*Ich habe immer schon bedauert und habe dieses Bedauern auch den Verantwortlichen zum Ausdruck gebracht, dass sich das Engelwerk nicht mit einer Verehrung der Heiligen Engel in dem Sinn begnügt, der der Heiligen Schrift und der gesunden Tradition der Kirche zu entnehmen wäre. ...*

*Leider wird durch die vollständig abiblischen Phantasmen des Geheimwissens über Engel, ihre Namen und ihre Funktionen, die Lehre des Glaubens in ein höchst verdächtiges Licht gerückt. Besonders war dies der Fall beim Auftauchen des ‚Handbuches'. Es liegt mir vor, und wer es gelesen hat, weiß, dass die Angriffe in der Presse nicht einfach ‚journalistische Hetze' oder Ähnliches sind, sondern leider auf Tatsachen fußen. Ich stehe nicht an, dieses Handbuch als ein Dokument des Aberglaubens zu bezeichnen.*

*Dieses Handbuch hat auch bei uns Aktivitäten des Engelwerkes so in Misskredit gebracht, dass die Leitungen der verschiedenen Exerzitienhäuser die entsprechenden Kurse in ihr Programm nicht mehr aufgenommen haben. Es wäre dringend zu wünschen, dass sich die Verantwortlichen des Kreuzordens und des Engelwerkes von diesem Machwerk distanzieren. ...*

*Wir leben in einer Zeit grassierender Seiten- und Winkel-*
*frömmigkeiten, der hochgespielten Erscheinungen und Ge-*
*heimbotschaften. Die große Botschaft Jesu Christi müsste*
*genügen.*"[142]

Hieraus ist einiges zu lesen: Reinhold Stecher teilte zum einen vollkommen den Vorwurf, die Lehre des „Engelwerks"
ließe sich mit der Engellehre der römisch-katholischen Kirche
nicht vereinbaren, und brandmarkte Erstere zum Aberglau-
ben, geradezu als eine „magische Entartung von Volksfrömmigkeit". „Bei solchen Vorstellungen wandert der christliche
Glaube zurück in die dämonenerfüllten Urwälder des Stein-
zeitmenschen, dessen Religiosität wesentlich von der Besänf-
tigung und Lähmung böser Geister geprägt war. Volksfrömmigkeit kann auch heidnisch werden."[143]
Hintergründig sprach er damit ebenso die grassierende Privatisierung des Glaubens an, die Bischof Reinhold Stecher –
wie auch sein Amtsvorgänger Paulus Rusch – als eine große
gesellschaftliche Gefahr sah und die ihm zunehmende Sorge
bereitete: „Man verstehe mich recht – es wird immer so sein,
dass der Glaubende von dieser und jener Wahrheit besonders
angetan ist, und es ist selbstverständlich so, dass ich auch als
Christ manchmal vom Reichtum anderer etwas lernen kann,
aber bei der hier angedeuteten Privatisierung des Glaubens
[bewegt man sich in der Welt der religiösen und ethischen
Werte wie ein verwöhnter Kunde im Einkaufszentrum. Man
schiebt seinen Drahtwagen durch die Regale und holt sich
von den Borden, was einem passt, und] stellt sich doch einen recht individuellen Warenkorb zusammen, der den au-
genblicklichen Bedürfnissen entspricht, und ehe man sich's
versieht, wird man bei dieser Methode vom ersten Sucher
zum lustbetonten Konsumenten, der eigentlich nicht um die
Wahrheit, sondern um sich selbst kreist."[144]
Zum anderen, aber wesentlich verhaltener in der Kritik, äußert sich Reinhold Stecher über die bedenkliche Wortwahl

des „Handbuchs der Engel", womit er zweifelsfrei auf bereits oben erwähnte Formulierungen wie „jüdische Dämonen" anspielte. Für ihn waren derartige Benennungen wie auch das damit verbundene Gedankengut, dessen schlimmste Auswüchse er unter dem Nationalsozialismus selbst miterleben musste, unter keinen Umständen zu tolerieren, vor allem auch deshalb, weil er der Überzeugung war, dass das Christentum zumindest eine moralische Mitverantwortung am historischen Antisemitismus[145] hatte, der es sich nach dem Zweiten Vatikanischen Konzil im vollen Umfang bewusst wurde, was aber nicht nur ein Bekenntnis gegen solche „rechten" Ideologien einforderte, sondern ein ganz und gar entschiedenes Handeln dagegen.[146]

# „Der einzige Zwang, dem ich mich gegenübersehe, besteht in der Verpflichtung zur Wahrheit und zum Geist des Konzils":[147] Der Fall Judenstein

Überregionales Aufsehen und ein breites Echo erregte die Beendigung des sogenannten „Anderle-Kults", der an die Legende um das vermeintlich selige Kind Andreas Oxner von Rinn angeschlossen hat und welcher im Jahr 1994 von Reinhold Stecher mit ebenso großer Zustimmung wie lautem Protest abgeschafft worden ist: „Die Veränderung in Judenstein erfolgte aus grundsätzlichen Überlegungen, die in der von Johannes XXIII. angebahnten Wende der Kirche in ihrer Einstellung zum jüdischen Volk und den Beschlüssen des II. Vatikanums ihren Ursprung hatten. Aufgrund der Dokumentation ist die Behauptung, der Anderle-Kult habe mit Antisemitismus nichts zu tun gehabt, nicht zu halten. Die Belege sind zum Teil erschütternd."[148]

Seinen Ursprung hatte der langlebige Anderle-Kult in zwei Faktoren: dem historischen Antisemitismus in Mitteleuropa und dem Unternehmen, nach dem Beispiel des „Simon von Trient" ebenfalls ein „Martyrium" und das damit einhergehende lukrative Wallfahrtstreiben in Tirol zu etablieren. Der auch sprachlich deutlich antisemitisch gefärbten Legende nach wurde der erst dreijährige Andreas „Anderle" Oxner aus Rinn an jüdische Kaufleute, die sich auf dem Weg zum Fronleichnamsmarkt in Bozen (Südtirol) befanden, verkauft und von diesen am 12. Juli 1462 in einem lästerlichen Ritus ermordet:

„Sie versuchten, das Kind der Mutter abzukaufen, die jedoch dieses unchristliche Ansinnen von sich wies. Dann versuchten sie es beim Besitzer des Bauernhofes, dem Gevatter von Anderles Mutter und Taufpaten, also Göd, des Jungen. Als die Juden diesem liederlichen Trunkenbold, bei dem Anderle und seine Mutter, die verwitwete Maria Oxner, lebten, einen Hut voller Goldstücke versprachen, willigte er ein, ihnen das Kind zu überlassen, wenn sie aus Bozen zurückkämen. Vier Wochen später ist es soweit. Anderles Mutter muss an diesem verhängnisvollen Tag als Schnitterin auf den Amraser Feldern arbeiten, kann also ihr Kind nicht beschützen. Die Juden führen das Anderle in einen Birkenwald bei Rinn. Ein schreckliches Gewitter, das in diesem Moment losbricht, verzögert das Verbrechen zwar, kann es aber nicht verhindern. Der Knabe wird entkleidet und, wie einst Jesus, verhöhnt. Damit er nicht schreien kann, wird er mit einem Gürtel gedrosselt. Die Juden schneiden ihm die Adern auf und sammeln das herausströmende Blut, das sie für rituelle Zwecke benötigen. Mit einer Zange reißen sie ihm aus Wange und Schenkel Fleischstückchen, sie durchstoßen seine Vorhaut und stechen das Kind schließlich unter schrecklichen Verwünschungen ab. Den nackten, von Wunden übersäten Leichnam hängen sie an eine Birke. Derweilen hat die arme Mutter auf dem Feld schon böse Ahnungen. Während des Gewitters wird sie ohnmächtig, und als sie erwacht, fallen ihr aus dem Himmel drei Blutstropfen auf die Hand. Da begreift sie, dass ihr Kind sich in tödlicher Gefahr befindet. Sie läuft, so schnell sie kann, nach Hause und sucht nach ihrem Kind. Als sie es schließlich findet, schreit sie so laut, dass alle Rinner angelaufen kommen. Der Pfarrer hängt die Leiche ab und bestattet sie auf dem Friedhof der Dorfkirche. Der böse Göd stellt fest, dass das Gold in seinem Hut sich in faules Laub verwandelt hat. Er wird darüber wahnsinnig und lebt noch zwei Jahre lang, elend im Schweinestall angekettet. Auf dem Grabhügel des Anderle wächst eine Lilie, und die Birke, an der die Juden ihn aufgehängt haben, grünt sieben Jahre lang sommers wie winters. Als ein Geißhirt sie frevelhafterweise umhackt, fügt er sich dabei tödliche Verletzungen zu."[149]

Heute wissen wir zweifelsfrei, dass der Mord an dem unschuldigen Kind zwar begangen, aber dass er von unbekannten Tätern verübt wurde, und dass alle Beweise, die das Martyrium hätten belegen sollen, gefälscht wurden, um einen Wallfahrtsort in Nordtirol zu schaffen, der in die ländliche und arme Gegend um Rinn und Judenstein Pilgerströme und damit Geld fließen lassen sollte. Regelrecht erfunden wurde der „Anderle-Kult" von dem Haller Arzt Hippolyt Guarinoni um das Jahr 1620, der von dem vermeintlichen Kindsmord gehört und darüber das erste Buch einer ganzen Reihe von pseudobiografischen Schriften verfasst hatte. Dabei griff er auf die schon weithin bekannte Ritualmordlegende des Simon von Trient zurück, der 1475 ebenfalls von Juden umgebracht worden sein soll, und bediente sich des grassierenden Antisemitismus seiner Zeit zur schnellen Verbreitung der neuen Legende des „seligen Andreas von Rinn". In der Folge entstand innerhalb von fast vier Jahrhunderten ein fanatischer und äußerst hartnäckiger Kult – unter anderem mit Ritualmord-Festspielen in Rinn –, in welchen immer wieder auch modernere Formen der Judenfeindlichkeit eingeflossen sind, und der – trotz des gültigen Verbotes, das Bischof Reinhold Stecher 1994 darüber verhängt hat – bis zum heutigen Tag in Form von regelmäßigen Wallfahrten in die Kirche von Judenstein und dem dortigen Abhalten von Messen nach der Tridentinischen Liturgie aufrechterhalten wird.[150]/[151] Erste Versuche, das kultische Treiben in Judenstein zu unterbinden, hatte bereits Bischof Paulus Rusch nach anfänglichem Zögern Mitte der 1950er-Jahre unternommen, als er einerseits gegen jene Festspiele vorging, die den „Ritualmord" als historisches Geschehen darstellten, und als er andererseits ein der Allgemeinheit kaum sichtbares Zeichen der Sistierung des „Anderle-Kults" setzte, indem er in einer Eingabe an die Ritenkongregation vom 25. Februar 1954 in Zusammenhang mit dem Ansuchen um Genehmigung der Neuordnung des Kalendariums für alle Eigenfeste den Antrag stellte, im Eigenformular für Brevier und Messe der damaligen Apostolischen Administratur Innsbruck-Feldkirch das Fest des seligen Anderle von Rinn aufzugeben.[152] Obwohl die beantragte Löschung letztlich vollzogen wurde und das monierte Fest ab Anfang 1956 im Eigenformular nicht mehr aufschien, wurde der „Anderle-Kult" fast noch ein Vierteljahrhundert lang fortgesetzt, bevor sich Bischof Reinhold Stecher in Berufung auf entsprechende Beschlüsse des Zweiten Vatikanischen Konzils erneut daran machte, dem Treiben ein Ende zu setzen.

Für Bischof Reinhold Stecher war es klar und verpflichtend, dass spätestens nach dem Zweiten Weltkrieg und seinem kapitalsten Verbrechen, dem Holocaust, die römisch-katholische Kirche eine Wende vollzogen hatte, vor allem in dem Einsehen, dass der christliche Antisemitismus, der die Vorurteile vieler Christen gegen die Juden über Generationen tradiert hatte, zwar nicht mit dem rassistischen Antisemitismus zusammengeworfen werden dürfe, aber dieser jenem durch-

wegs emotionale Vorarbeit geleistet hatte:[153] „Die Ritualmord-
legenden und das ganze Verhältnis der Kirche zu den Juden
stellt durch Jahrhunderte bis zu unserer Zeit herauf eine der
größten Belastungen der Kirchengeschichte dar. Dieses Verhältnis ist gekennzeichnet von einem weitgehenden Versagen
der Gerechtigkeit und Liebe. Die heutige Kenntnis der Dinge
müsste uns zu einem gründlichen Umdenken zwingen. Und
wann sollte denn in der Kirche dieses Umdenken einsetzen,
wenn nicht in diesem Jahrhundert, in dem andere die uralte,
schwelende Tradition der Ablehnung der Juden übernommen
und im Zeichen des Rassismus und Nationalismus zu einem
wahren Inferno entfacht haben? Die Kirche war im Nationalsozialismus selbst verfolgt, und unzählige Priester und
Laien waren selbst in den Konzentrationslagern. Aber nach
diesem gemeinsamen Schrecken begann auch in der Kirche
eine Neubesinnung hinsichtlich dessen, was an Schatten in
der Beziehung zum Judentum auf ihrer Geschichte lastete.
Die Besinnung hat ihren Niederschlag in der Gründung einer
eigenen Bischofskommission gefunden, die vorbereitend für
das II. Vatikanische Konzil tätig war. Gerade diese Kommis-
sion hat nach Sichtung aller Fakten in beschwörender Weise
die Forderung erhoben, die so belastete Verleumdung der ‚Ritualmorde' in der Kirche endgültig zu beenden."[154]
Vor allem im Konzilstext „Nostra Aetate"[155], der das Verhältnis der Kirche zu den nicht christlichen Religionen aus-
führlich und mit allen Konsequenzen beschreibt, ist ebenso
eindeutig wie endgültig der richtige Umgang mit Anders-
gläubigen geklärt, der etwa ein Treiben wie in Judenstein
nicht toleriert:

*„ ... Da also das Christen und Juden gemeinsame geistliche
Erbe so reich ist, will die Heilige Synode die gegenseitige
Kenntnis und Achtung fördern, die vor allem die Frucht
biblischer und theologischer Studien sowie des brüderlichen Gespräches ist.*

*Obgleich die jüdische Obrigkeit mit ihren Anhängern auf den Tod Christi gedrungen haben, kann man dennoch die Ereignisse seines Leidens weder allen damals lebenden Juden ohne Unterschied noch den heutigen Juden zur Last legen. Gewiss ist die Kirche das neue Volk Gottes, trotzdem darf man die Juden nicht als von Gott verworfen und verflucht darstellen, als wäre dies aus der Heiligen Schrift zu folgern. Darum sollen alle dafür Sorge tragen, dass niemand in der Katechese oder bei der Predigt des Gotteswortes etwas lehre, das mit der evangelischen Wahrheit und dem Geiste Christi nicht im Einklang steht.*

*Im Bewusstsein des Erbes, das sie mit den Juden gemeinsam hat, beklagt die Kirche, die alle Verfolgungen gegen irgendwelche Menschen verwirft, nicht aus politischen Gründen, sondern auf Antrieb der religiösen Liebe des Evangeliums alle Hassausbrüche, Verfolgungen oder Manifestationen des Antisemitismus, die sich zu irgendeiner Zeit und von irgend jemandem gegen die Juden gerichtet haben.*

*Deshalb verwirft die Kirche jede Diskriminierung eines Menschen oder jeden Gewaltakt gegen ihn um seiner Rasse oder Farbe, seines Standes oder seiner Religion willen, weil dies dem Geist Christi widerspricht."[156]*

Damit war Bischof Reinhold Stecher ein mächtiges Dokument in die Hände gegeben, welches von der Wiener Diözesansynode (1969–1971) mit ähnlichen Worten nochmals entschieden bekräftigt wurde: „Es widerspricht der Lehre der Kirche Christi, die den Juden durch Jahrhunderte von Christen und Nichtchristen zugefügten Leiden und Demütigungen als Folge einer Verstoßung durch Gott zu deuten. Daher müssen sich die Christen von antijüdischen Affekten freihalten und etwaigen antisemitischen Diskriminierungen seitens anderer entgegentreten."

*Familienfoto zu Weihnachten: Rosa Stecher (hinten links), Reinhold Stecher (vorne links), Helmut Stecher (Mitte), Gottfried Stecher (vorne sitzend)*

*Rosa Stecher*

*Gottfried Stecher*

*Geburtshaus von Reinhold Stecher,*
*Mühlau*

*P. Vigil (Helmut) Stecher*

*Porträtkarte von Reinhold Stecher*

*Erstkommunikantenklasse von 1928 mit Katechet Otto Neururer
(rechts von der Kollage) und Reinhold Stecher (2. Reihe, 7. von links)*

![Innsbrucker Gymnasium]

*Innsbrucker Gymnasium um 1910 (heute Akademisches Gymnasium
Innsbruck), im Hintergrund die Jesuitenkirche*

*Innenansicht der Pfarrkirche Götzens, das Porträt des seligen Otto*
*Neururer ist rechts im Bild.*

*Gauleiter Franz Hofer, 1940*

*Karl Rahner*

*Bischofsweihe von Paulus Rusch*

*Kirche in Judenstein*

*Fassadenfigur des „Anderl von Rinn"*
*in Judenstein*

*Porträtkarte von Bischof Dr. Reinhold Stecher,*
*gegeben am Gründonnerstag 1981 im Dom zu St. Jakob, Innsbruck*

*Reinhold Stecher trifft Papst Johannes Paul II. (1988).*

*Porträtaufnahme Bischof Stechers aus dem Jahr 1997*

*Karikatur und Entwurfszeichnungen von Reinhold Stecher*

*Präsentation der Sonderbriefmarke „Weihnachten",*
*gemalt von Reinhold Stecher, 2012*

*Alterssitz von Reinhold Stecher, Hochrum*

*Bischof Stechers Amts-*
*nachfolger bei seiner*
*Beisetzung: Manfred*
*Scheuer (l.) und Alois*
*Kothgasser (r.)*

**Bischof Dr. Reinhold Stecher**

* 22. Dezember 1921
+ 29. Jänner 2013

25. Jänner 1981 Bischofsweihe im Dom St. Jakob
Bischof von Innsbruck von 1981 bis 1997

DIENEN UND VERTRAUEN

*Grabstätte von Bischof*
*Reinhold Stecher,*
*Krypta des Innsbrucker*
*Doms St. Jakob*

*Der Sarg Bischof Stechers, flankiert von einer Ehrenwache von Tiroler Schützen im Innsbrucker Dom*

Bischof Stecher, der sich somit der Unterstützung aus dem Vatikan sicher sein konnte, und der auch später, als mehrmals von fundamentalistischer Seite in Österreich Klagen in Rom gegen ihn vorgebracht wurden, darauf zählen konnte, dass Papst Johannes Paul II. mit ihm einer Meinung war, wenn es um die Revision der Anderle-Legende ging, verbot ab 1985 jegliche Ausübung des „Anderle-Kults", was nicht nur auf heftigen Widerstand bei einigen Gläubigen stieß, sondern ihm auch den Ruf einbrachte, „selber a halber Jud" oder „von die Jud'n geschmiert" zu sein – zudem waren bei der Verlesung seines Hirtenbriefes in der Kapelle von Judenstein unter anderem „Heil Hitler!"-Rufe zu hören.[157]

Besonders haarsträubende Argumente gegen das rechtskonforme Vorgehen von Bischof Reinhold Stecher brachte seinerzeit der 1999 wegen Verhetzung verurteilte Kaplan Gottfried Melzer vor, der später auch aus seinem priesterlichen Dienst in der Diözese Innsbruck entlassen wurde. Der fanatische Geistliche, dem auch Verbindungen zum „Engelwerk" nachgewiesen werden können,[158] sah die Seligsprechung des Andreas von Rinn trotz aller Gegenbeweise bestätigt und schrieb die Schuld am Tod des Kindes nach wie vor den jüdischen Kaufleuten aus der Legende zu: „Es wird heute auch die These verbreitet, das ‚Anderl' sei von Unbekannten ermordet worden. Erst später habe man diese Mordtat den Juden zur Last gelegt. Auch diese These ist völlig unhaltbar! Die Tatsache, dass Juden die Mörder des unschuldigen Kindes Andreas gewesen sind, war seit Anfang an so bekannt und bezeugt, dass es die Juden durch viele Jahrhunderte nicht gewagt haben, dies in Abrede zu stellen. Wer behauptet, man wisse nicht, wer die Mörder dieses Kindes waren, erst später habe man die Tat den Juden in die Schuhe geschoben, gleicht jemandem, der allen Ernstes behauptet, man wisse nicht, welche Farbe der Schnee vor 500 Jahren gehabt hat. Erst später habe man dem Schnee die weiße Farbe zugeschrieben. Eine unsinnige Rede! Genauso unsinnig wie die Behauptung, man habe erst später den Juden den Mord am unschuldigen Kinde in die Schuhe geschoben."[159] Zudem hegte Kaplan Melzer eine an blinden Hass grenzende Abscheu gegen die von ihm so benannte „nachkonziliare Neukirche", zu welcher er auch den Bischof von Innsbruck rechnete: „Bischof Stecher weist sich mit seinen Feststellungen als ein Repräsentant der nachkonziliaren römisch-ökumenischen Neukirche aus, die gerade den Versuch unternimmt, die römisch-katholische Kirche zu liquidieren. Der Fall ‚Anderl von Rinn' ist zum weithin sichtbaren Zeichen für die Machtübernahme der nachkonziliaren Diktatoren innerhalb der Kirche geworden. Gewiss geschieht diese Tragödie im Fall des ‚Anderl von Rinn' unter dem massiven Druck der ‚Synagoge Satans', aber dieser Druck kann das beschämende Verhalten der römisch-ökumenischen Amtsträger in Innsbruck und Rom weder entschuldigen noch rechtfertigen. Druck sollte Gegendruck erzeugen. Es scheint, dass man von vornherein gar nicht die Absicht und den Willen hatte, dem niederträchtigen Ansinnen der antichristlichen Verschwörung in ernsthafter Weise Widerstand entgegenzusetzen. Daraus könnte man mit Recht auf eine arge Geistesblindheit der Verantwortlichen oder gar auf eine heimliche Zusammenarbeit mit der ‚Synagoge Satans' schließen. Wer heute treu zum seligen Märtyrerkind Andreas von Rinn steht, drückt damit aus, dass er ein Gegner dieser antichristlichen Neu-Kirche sein will."[160] Mit diesen und anderen kruden Verschwörungstheorien bissen die Anhänger des „Anderle-Kults" jedoch auf Granit bei Bischof Reinhold Stecher, der sich nach eigenem Bekunden nur der Wahrheit und dem Geist des Konzils verpflichtet fühlte und deswegen letztlich die Neuordnung der Kirche von Judenstein[161] veranlasste: „Es handelt sich hier nicht um eine willkürliche Aktion des Bischofs, sondern um ein Anliegen der Welt- und Heimatkirche. Und wenn es sich auch zunächst um eine lokale Sache zu handeln scheint, so schlägt diese Sache doch schon seit vielen Jahren weite Wellen, und es hängt an ihr so etwas wie der Test der Glaubwürdigkeit einer Kirche, die um die Sache und Liebe Christi Willen bereit sein muss, sich dort zu korrigieren, wo sie geirrt hat."[162]

Durch sein entschiedenes Eingreifen im Fall Judenstein trug Bischof Reinhold Stecher maßgeblich zur allgemeinen Verbesserung des Verhältnisses von Christentum und Judentum bei, vor allem aber söhnte er seine Heimatstadt Innsbruck mit der dort (wieder) ansässigen Israelitischen Kultusgemeinde aus, die während des Nationalsozialismus in Tirol – insbesondere während der berüchtigten „Reichskristallnacht" vom 9. auf den 10. November 1938[163] – stark gelitten hatte und in Relation zu ihrer Größe die meisten Opfer im gesamten Deutschen Reich zu beklagen hatte. In Anerkennung dafür wurde Reinhold Stecher im Juni 1990 von der internationalen Organisation „B'nai B'rith" geehrt, was allerdings, wie schon zuvor, von reaktionärer Seite innerhalb verschiedener Glaubensgruppen als ein Indiz dafür angesehen wurde, dass der Bischof von Innsbruck unter jüdischem Einfluss gestanden haben müsse, als er den „Anderle-Kult" verbot.[164]

Reinhold Stecher hat sich immer gegen diese Deutung seines wegweisenden Handelns aus rein persönlicher Überzeugung und streng nach den Beschlüssen des II. Vatikanums verwehrt – „Mein Kontakt zur jüdischen Gemeinde von Innsbruck, die sehr vornehm und zurückhaltend, aber begreiflicherweise erleichtert auf die Veränderung reagierte."[165] – und wollte sein Bemühen in der „Affäre Judenstein" ausschließlich als einen „kleinen, aber zielbewussten Schritt in Richtung einer menschlicheren Welt" verstanden wissen: „Da von Verfechtern der bisherigen Anderlverehrung die Sache manchmal so dargestellt wird, als sei ‚der Bischof von Innsbruck vom internationalen Judentum gezwungen worden, diese Maßnahmen durchzudrücken', so muss ich klarstellen, dass ich bis zum heutigen Tage mit keiner einzigen internationalen Organisation des Judentums in irgendeiner Verbindung stand oder stehe."[166] Es mutet zwar etwas seltsam an, dass gerade Bischof Reinhold Stecher, der allseits als umsichtig, gebildet und selbstbestimmt galt, sich zu solchen „Rechtfertigungen" hinreißen ließ, aber andererseits macht es das harsche Klima deutlich, das seinerzeit in manchen Gebieten von Tirol geherrscht hat[167] und in Ausnahmefällen bis heute vorkommt.

Was in jedem Fall bleibt, ist das Einsetzen einer „Periode der Annäherung zwischen Christen und Juden, wie sie in den letzten Jahrhunderten kaum irgendwo existiert hat"[168] und die nicht nur beispielgebend war, sondern auch weitere gemeinsame Unternehmungen nach sich zog, welche diesen Umschwung der Einstellung – auch zu anderen Glaubensgemeinschaften wie der protestantischen[169] – bezeugten und weiterhin bekräftigen: Durch Zutun von Bischof Reinhold Stecher kam es unter anderem zur Gründung eines „Christlich-jüdischen Komitees", um den Dialog der Annäherung zwischen den beiden Konfessionen fortzuführen; zwischen 1991 und 1993 entstand dann als erstes sichtbares Zeichen der Versöhnung die neue Synagoge von Innsbruck an ihrer ursprünglichen Stelle in der Sillgasse, und bald darauf, im Jahr 1997, wurde das „Denkmal der Jugend" in Form einer meterhohen „Menorah", einem siebenarmigen Leuchter, am Innsbrucker Landhausplatz eingeweiht, welches an die Opfer der „Novemberpogrome" erinnert. Ab 2007 entstand die Gedenkstätte „Alter jüdischer Friedhof" an der historischen Stätte „Judenbühel" in Innsbruck, die am 16. Juli 2009 im Beisein von Alt-Bischof Reinhold Stecher und seinem zweiten Nachfolger Manfred Scheuer eingeweiht wurde.[170]

# „Ich wehre mich gegen eine Persönlichkeits-zentrierung":[171] Kein Bischof des Einheitsformats

Nach allem Gesagten und eingedenk seines unermüdlichen Engagements etwa für die Stärkung der Laien sowie der Frauen innerhalb der römisch-katholischen Kirche sowie sein grundsätzliches Ja zur Aufhebung des Zölibats, sein Eintreten für die Benachteiligten usw. verwundert es nicht, dass Reinhold Stecher weithin als „liberaler Bischof" wahrgenommen wurde, der – wie sein Vorgänger, der „rote Oberhirte" Paulus Rusch – die Zukunft der Kirche eng und untrennbar mit der Zukunft der Gesellschaft verbunden sah und dementsprechend – im Geiste des Zweiten Vatikanischen Konzils und seiner Beschlüsse – seine Handlungen setzte und eine „pastorale Sensibilität" einforderte, welche die Menschen dort abholen sollte, wo sie mit ihren Sorgen und Sehnsüchten stünden.[172]

Darin ähnelte er ebenso seinem verehrten Universitätslehrer Karl Rahner, der gleichermaßen kirchenkritisch wie kirchentreu gewesen war, als auch dessen rigorosem Konservatismus bezogen auf andere Fragen, die nach Ansicht von Reinhold Stecher nur zeitgeistige Phänomene waren und daher auch keinen echten Anspruch auf Gültigkeit haben konnten.[173] Vor allem das strittige Thema „Familie, Partnerschaft und Sexualität" erregte seinen wiederkehrend heftigen Widerstand in der modernen Auslegung: „Weil ich manchmal in den Medien die etwas merkwürdige Qualifikation ‚liberaler Bischof' erhalte, möchte ich klar zum Ausdruck bringen:

a) Ich teile voll die Sorge um die Ehe in unserer Zeit.

b) Ich bin auch über die Leichtfertigkeit bestürzt, mit der man oft zum Schaden unzähliger Kinder zum Teil die Scheidung betreibt.

c) Ich bin auch gegen die Bagatellisierung des Problems in dem Sinn, als sei das Brechen ehelicher Treue eine Belanglosigkeit. Das Wort Gottes spricht anders. Ich verwahre mich auch gegen jede Laissez-faire-Haltung, als sei jedermann, der seinen Partner oder seine Partnerin und die Kinder in egoistischer und fragwürdiger Weise verlässt, selbstverständlich am Kommunionstisch willkommen, wenn er aus Laune oder Konvention eben daran teilnehmen will.

d) Ich muss auch Betroffene dafür um Verständnis bitten, dass die Kirche im Blick auf die Unauflöslichkeit der Ehe beim Abschluss einer kirchlich ungültigen Zweitehe keine gottesdienstlichen Handlungen setzen kann."[174]

Besonders unnachgiebig zeigte er sich auch, gleichwohl er stets versucht hatte, „harte und folgenschwere Pauschalurteile" zu vermeiden,[175] im Bezug auf den Schwangerschaftsabbruch, den er vielfach und mit aller Schärfe anprangerte, wie etwa beim „Schweigemarsch der ‚Aktion Leben' gegen Abtreibung" am 16. Oktober 1987 in Innsbruck:

*„Meine lieben Freunde! Der heutige Zug von der Basilika [Stift Wilten] zum Dom [St. Jakob] ist keineswegs ein Aufbäumen der Unentwegten, die nur gegen das zu Felde ziehen wollen, was Staat und Gesellschaft gestern falsch gemacht haben. Es ist ein Zug, der nicht so sehr gegen Missstände mobilisieren will, trotzdem es sie natürlich gibt, nein, in diesem Schweigemarsch zog ein Aufbruch mit, ein stiller Aufbruch, den es zu verstärken gilt, ein Aufbruch in den Herzen, vor allem auch in den jungen Herzen, der Aufbruch zum Leben und zur Schöpfung.*
*Über unseren Reihen flattert nicht einfach ein ‚Nein', sondern ein ‚Ja'. Das ‚Nein' ist in unserer Welt immer zu wenig.*
*Wir nähern uns dem Ende dieses Jahrhunderts. Dieses zwanzigste Jahrhundert hat viele kühne Menschheitsträume erfüllt, was die Beherrschung der Erde und des Weltraumes, der Naturkräfte und die Entfaltung der Technik, die Manipulation der Materie und die Steigerung des*

*Wohlstands, die Information und die Wissenschaft betrifft.*
*Aber gleichzeitig hat dieses Jahrhundert auch Alpträume*
*gebracht, was die Missachtung des Menschen und des Le-*
*bens, den Verlust der Ehrfurcht und des Verantwortungs-*
*bewusstseins, das leise Sterben der Embryonen und der*
*Bäume, der Flüsse und der Meere angeht.*
*Jetzt aber erwacht am Ende dieser Epoche, inmitten von*
*Rücksichtslosigkeit und kaltem Kalkül, inmitten von Ge-*
*wissenlosigkeit, die sich manchmal hinter Paragraphen*
*verstecken möchte, eine neue Welt der Ehrfurcht vor der*
*Schöpfung und vor dem Menschenleben.*
*Diese Sensibilität für verdrängte Werte zeigt sich gerade*
*bei jungen Menschen. Zu dieser großen Welle der Schöp-*
*fungsehrfurcht und Schöpfungsverantwortung gehört auch*
*die Verneigung vor dem Wunder werdenden Lebens im*
*Mutterschoß.*
*Dieses ,Ja', das in den Herzen aufbricht, gilt es zu verstärken.*
*Dieses ,Ja' kann stärker sein als Paragraphen.*
*Diese ,Ja' schließt auch die Bereitschaft zum Verstehen und*
*Helfen für alle werdenden Mütter ein, die in Schwierigkei-*
*ten sind.*
*Dieses ,Ja' schaut Leben und Schöpfung nicht nur nach den*
*Kategorien der Bequemlichkeit und des Nutzens, der Mach-*
*barkeit und des vordergründigen Vorteils an.*
*Dieses ,Ja' kann ein Morgenrot der Menschenwürde bedeu-*
*ten, auch ein Morgenrot für menschenwürdige Heimat, für*
*Luft und Wasser, für Blume und Baum.*
*Und dieses ,Ja', liebe Freunde, wollen wir in dieser Stunde*
*vor dem Dom im wahrsten Sinne des Wortes an die große*
*Glocke hängen.*
*Nach den Fürbitten und dem ,Vater unser' am Ende dieser*
*schlichten Veranstaltung wird es diesmal keine schmet-*
*ternden Fanfaren und keinen großen Gesang geben. Es*
*wird nur die große Glocke von St. Jakob läuten. Und sie soll*
*dieses ,Ja' hineinläuten in die Herzen und in die Gewissen,*

*hinaus über die Stadt und das Land, hinauf zu unserem*
*Gott und Schöpfer, damit Er den ganzen guten Willen, der*
*sich hier und in unserem Volk versammelt, mit seiner Gna-*
*de begleite und sein Volk segne.*"[176]

In Äußerungen wie dieser zeigte sich Reinhold Stecher nicht
als der liberale „Volksbischof", als den ihn manche verklä-
rend (und ausschließlich) darstellen wollen, sondern als ein
„Bischof des Kirchenvolks", der auch alt gedienten Prinzipien
anhing,[177] die er über einige moderne Forderungen stellte, da
diese für ihn nur ein Ausdruck des Zeitgeistes waren und keinen Ersatz für bereits bestehende, ewige Glaubensgrundsätze
boten. Er folgte damit seiner Überzeugung, dass zwar in allen Fragen eine prüfende und abwägende Offenheit gegeben
sein sollte, aber dass sich die Kirche und ihre Gläubigen nicht
um jeden Preis der Welt anbiedern dürften, „weil Gottes Geist
weht, wo er will". „Echte Frömmigkeit macht weit. Sie weiß
den Unterschied von Wesentlichem und Unwesentlichem.
Glaubenstreue und Weitblick, Traditionsbewusstsein und Offenheit sind an sich kein Widerspruch."[178]
Nach dieser Maxime agierte Reinhold Stecher in allen sechzehn Jahren seines abwechslungsreichen Episkopats, wie
auch lange davor und danach – und wie das Pendel auf die
eine Seite schwang, ging es auch viele Male in die andere
Richtung, denn: „Ich gehöre selbst zur Generation, die sich
im Schnellzug des Lebens gerne gegen die Fahrtrichtung setzt
und lieber zurückschaut. Aber diese Position kann auf Dauer
auch gefährliche Täuschungen bringen. Das Heil liegt keineswegs immer im Vergangenen, und es stimmt nicht, dass alles
immer schlechter geworden ist."[179]

Reinhold Stecher hat seine eigenen Entscheidungen, wie
auch die weltumspannenden Weisungen der römisch-katholischen Kirche, immer sehr kritisch hinterfragt. Nie ließ er sich
zu Aussagen oder Handlungen verführen, die einer anderen

Obrigkeit als dem Erlöser Jesus Christus geschuldet waren, der schon seine Gegner darauf gedrängt hatte, besser zu unterscheiden zwischen Wesentlichem und Unwesentlichem, Göttlichem und Menschlichem, Bleibendem und Veränderbarem: „Im Licht des Wortes Gottes gibt es auch Traditionen, gewachsene Dinge, die kein Mensch so ohne Weiteres über Bord schmeißt, von denen man aber sagen kann, sie sind gewachsene Dinge. Sie waren sehr oft eine Antwort auf eine Situation, die anders war als die unsrige. Da gilt es abzuwägen, was anders geworden ist, wo heute die Gewichte liegen. Da ist es notwendig, dass die Kirche kreisende Antennen hat, die alles auffangen, was sich rührt. Ohne kreisende Antennen kann man die Kirche nicht in die Zukunft steuern. Raketen zur Abwehr genügen nicht. Wenn man die Kirchengeschichte anschaut, sind geistige Erneuerungen immer von unten gekommen, nicht von oben. Es gibt keine Zukunft, wenn das Schöpferische kein Recht mehr hat. Darum sehe ich manchmal eine Gefahr, wenn Autorität überbetont wird. Es braucht eine gewisse Atmosphäre menschlicher Zuwendung und menschlichen Zutrauens, damit Schöpferisches blühen kann. Wenn die Kirche überstark zentral geleitet und dirigiert wird, besteht Gefahr, dass das Schöpferische zu kurz kommt. Wer an die Zukunft denkt, kann neben dem Glauben an das Ewige, dem Gespür für das Gewachsene und die gegenwärtige Realität, neben der Treue zur Tradition und zum gesunden Hausverstand nicht ganz auf Träume verzichten."[180]
Sich der Realität zu verweigern und auf manche notwendige Veränderungen mit reiner Ächtung und sturer Ignoranz zu reagieren bot für Bischof Reinhold Stecher keine anzustrebende Zukunft für die Kirche. Für ihn blieb für alle Zeiten die treibende Kraft der offene und lebendige Geist des Zweiten Vatikanums, das ein „gütiger, weiser und kühner Papst aus Bergamo" eingeleitet hatte, „um uns zu sagen, dass die Angst ein schlechter Motor für Glaube, Kirche und die Entfaltung der Liebe sei". Damit wandte er sich nicht nur gegen die

„Übereifrigen, die unbedingt alles Unkraut ausreißen wollten und dabei das Weizenfeld zertrampeln", sondern indirekt auch gegen Papst Johannes Paul II., wenn er bereits 1992 urteilte: „Zum Nachdenken bringt es einen doch, dass heute mit dem Begriff ‚Kirche' Zukunft kaum verbunden wird. Unter Papst Johannes XXIII. war die Kirche eindeutig mit Zukunft verbunden. Heute ist das anders."[181] Unter anderem sprach er dadurch die (weiterhin) offene wie brennende Frage zur Aufhebung des Zölibats (viri probati) an – „Der zementierte Pflichtzölibat ist ein menschliches Gesetz."[182]/[183] – und machte sich nicht weniger nachdrücklich für die Stellung der Frauen innerhalb der Kirche stark, welche er über viele Jahre hinweg auch als zuständiger Referatsbischof in der Österreichischen Bischofskonferenz vertreten hatte.[184]

Große Sorge machte ihm in diesem Zusammenhang die mittlerweile in arge Bedrängnis geratene Seelsorge beziehungsweise deren mangelnde Ausübung, hervorgerufen durch den Priestermangel und die allzu enge Beschränkung der Laien in ihren Zuständigkeiten: „Jede nachgehende Form der Hirtensorge setzt menschlich bewältigbare Gemeindegrößen voraus. Immer mehr ‚zusammengelegte Pfarreien', ‚Seelsorgeräume', ‚Pastoralregionen', in denen die verbleibenden Priester immer weiträumigere Verantwortungen übernehmen sollen, lassen mithilfe vieler gutwilliger Laien zwar verschiedene kirchliche Aktivitäten aufrechterhalten, aber die persönliche priesterlich-sakramentale Zuwendung wird immer schwieriger. Und damit fällt ein essenzieller Heilsdienst der Kirche. Deshalb rufen nicht zölibatsfrustrierte, sondern standestreue, eifrige und engagierte Seelsorger seit Jahren nach einer Änderung in der Verteilung der Heilsvollmachten. Sie haben immer umsonst gerufen – zusammen mit vielen Laien, die die Kirche tragen. Und darum ist es nicht verwunderlich, wenn die Tonart härter wird. Die Priester leiden unter der allmählichen Verwandlung des Priesterbildes vom Hirten zum Pastoralmanager. Hirtsein heißt nämlich nicht nur einen

Kirchenbetrieb am Laufen zu halten, Hirtsein heißt nachgehen, Menschen kennen, Nähe suchen, um Schicksale wissen, Verbundenheiten aufbauen, heißt Anteil nehmen, mitbesorgt sein, zuhören, ein wenig Zeit haben, Ängste zerstreuen, Einsamkeit mildern, hie und da eine Hand halten – und dann das heilige Zeichen spenden, die Krankensalbung, in der sich der Welterlöser zum Bedrängten neigt."[185]

Die Gründe für diesen „Suizid der sakramentalen Kirche"[186] suchte Reinhold Stecher ebenso in den eigenen Reihen – „Liegt es an uns, den Zölibatären: Leiden wir unter einem Verlust der Strahlkraft?" – wie auch in der modernen Gesellschaft – „Lähmt der Wohlstand doch auch den Mut zum Verzicht?" – sowie in dem gewachsenen Regelwerk der Mutter Kirche, die auch von Personen vertreten wird, „die da meinen, ein menschliches Gebot sei wichtiger als ein göttliches. Es wird immer Leute geben, die da glauben, ihre asketischen Leistungen stünden höher als die Gnade und Güte Gottes. Und immer wieder treten Menschen auf, die aufgrund ihrer höheren Bildung oder ihres erhabenen Standes mit einer gewissen Verachtung auf die kleinen, einfachen Leute herunterschauen. Es werden auch niemals jene aussterben, die für andere harte moralische Urteile haben, weil sie in Wirklichkeit mit sich selbst nicht ins Reine gekommen sind und in dem anderen sich selbst bestrafen. Und es wird immer solche geben, die die Barmherzigkeit Gottes nicht begreifen, nur die von ihnen selbst geschaffenen Paragraphen."[187]

Verständnis für seine Sicht der Dinge und auch Unterstützung erhielt Reinhold Stecher nicht nur vonseiten vieler Gläubiger, sondern auch von seinen beiden Nachfolgern im Bischofsamt: Alois Kothgasser erinnerte sich später, dass Reinhold Stecher unter manchen weltkirchlichen Entscheidungen litt, weil er überzeugt war, „dass wir im Zweifelsfall in ethisch-moraltheologischen Fragen dem Geist Jesu Christi verpflichtet sind und uns eher der Barmherzigkeit zuneigen sollten".[188] Und Manfred Scheuer meinte voller Bewunderung: „Bischof Reinhold sah die Kirche im Vierfarbendruck, nicht schwarz-weiß, nicht fundamentalistisch, auch nicht mit liberaler Gleichgültigkeit, sondern bunt."[189]

## „Rom hat seine Barmherzigkeit verloren":[190] Reinhold Stechers kritischer Brief an Papst Johannes Paul II.

Reinhold Stecher verstand sich in erster Linie als Seelsorger, der auf die Menschen in seiner Diözese immer mit offenem Interesse zuging, um sie und ihre speziellen Lebenswelten besser verstehen zu lernen, damit er, mit ausreichender Kenntnis der einzelnen Situationen, entsprechend und ausgewogen reagieren konnte. Über die Arbeit der engagierten Laien innerhalb der Pfarrgemeinden war er bestens unterrichtet und schätzte diese sehr als unverzichtbaren Beitrag zur seelsorgerischen Tätigkeit. Daher konnte er mit seiner Kritik an der Amtskirche in Rom und vor allem an Papst Johannes Paul II.[191] nicht länger an sich halten, als im August 1997 die offizielle „Instruktion zu einigen Fragen über die Mitarbeit der Laien am Dienst der Priester" in Umlauf gebracht wurde:

*„Das Ziel dieses Dokuments besteht einfach darin, eine klare und verbindliche Antwort zu geben auf drängende und zahlreich bei unseren Dikasterien eingelangte Anfragen von Bischöfen, Priestern und Laien im Bereich der Pfarreien und Diözesen aufgeklärt zu werden. Oft handelt es sich nämlich um Praktiken, die in Notsituationen entstanden sind und sich häufig in der Absicht, eine großzügige Hilfe in der Pastoral zu leisten, entfaltet haben, aber schwerwiegende negative Folgen für das rechte Verständnis wahrer*

*kirchlicher Gemeinschaft haben können. Solche Praktiken
gibt es vor allem in einigen Gebieten; manchmal sind sie
auch innerhalb desselben Gebietes sehr unterschiedlich. ...*

*Wie der Heilige Vater angemerkt hat, muss die besondere
Gabe eines jeden Gliedes der Kirche mit Klugheit und Be-
stimmtheit anerkannt, verteidigt, gefördert, hervorgehoben
und koordiniert werden, ohne Vertauschen der Rollen, der
Aufgaben oder der theologischen und kanonischen Bedin-
gungen. ...*

*Dieses Dokument beabsichtigt, genaue Richtlinien zu er-
teilen, um eine wirksame Mitarbeit der Laien in solchen
Umständen [Priestermangel] und unter Beachtung der In-
tegrität des pastoralen Dienstes der Priester zu sichern.
Man muss verständlich machen, dass diese Präzisierung
und Klärung nicht aus dem Bemühen erwachsen, klerikale
Privilegien zu verteidigen, sondern aus der Notwendigkeit,
dem Willen Christi gehorsam zu sein und die von ihm seiner Kirche unauslöschlich eingeprägte Grundgestalt zu re-
spektieren.
Deren Anwendung wird im Rahmen der lebendigen hierar-
chischen ‚communio' den Laien von Nutzen sein. Sie sind ja
aufgerufen, alle ihre Möglichkeiten ihrer eigenen Begabun-
gen zu entfalten und sie mit immer größerer Verfügbarkeit
in der Erfüllung der eigenen Sendung zu leben.*"[192]

Hierauf reagierte Reinhold Stecher, nur kurze Zeit vor seiner
Pensionierung als Bischof von Innsbruck, mit einem schnell
berühmt gewordenen Brief, in welchem er nicht so sehr die
Details des neuen päpstlichen Dekretes kritisierte, sondern
vielmehr dessen „Geist der Unbarmherzigkeit", der weithin
verkannte, in welchen oft desaströsen Zuständen sich Pfarrei-
en auf der ganzen Welt befanden, und wodurch der pastorale
Dienst aufs Äußerste gefährdet war:

*„Da ich mir einmal vorgenommen habe, kirchenkritisch notwendige Dinge nicht als ‚mutiger Pensionist', sondern im Amt zu sagen, komme ich nicht daran vorbei, zu diesem Dekret einige Gedanken zu äußern, bevor ich den Stab weitergebe. Nicht so sehr zu den Details. Es gibt nun einmal den mit der Vollmacht der Eucharistie ausgestatteten Priester – und diese Vollmacht kann sich niemand nehmen oder von unten her bestätigen lassen. Wenn es zwar noch gelingt, von irgendwoher einen alten Priester für die Eucharistie ‚einzufliegen', dann ist schwer einzusehen, dass man einem theologisch voll ausgebildeten und menschlich-spirituell geeigneten Gemeindemitglied verbieten muss, in der Eucharistiefeier eine Predigt zu halten. Niemand in den Gemeinden versteht ein derartiges Verbot, wenn die Alternative das Nichts ist.*

*Und hiermit stehe ich bei meinem eigentlichen Bedenken gegen dieses wiederum nur restringierende Dekret, das den Laien höchstens als widerwillig zugelassenen Notnagel für ein paar Funktionen sieht, wenn's halt gar nicht anders geht. Mein Bedenken liegt in dem ‚Nicht-zur-Kenntnis-Nehmen' der pastoralen Situation bei uns und in vielen, ja den meisten anderen Ländern der Erde – und dem ‚Nicht-zur-Kenntnis-Nehmen' der theologischen Bedeutung der Eucharistie für die christliche Gemeinde und die Kirche. Das genannte Dekret über die Laien begnügt sich also mit der Verteidigung der klerikalen Vollmachten, Würden und Standesrechte. Das Heil der Gemeinden bleibt völlig aus dem Spiel. Dem Festhalten an diesem Amtsbegriff, der eben so nicht aus der Offenbarung erwiesen werden kann, wird alles geopfert. Ich habe in Frankreich Priester, müde und resignierte Priester, kennengelernt, die sieben bis zehn Pfarreien herumrasend ‚betreuen'. Der Stand der kleinen Frontpfarrer wird von der bischöflichen Würde ebenso ferngehalten wie von jeder Mitsprache in diesem*

*Bereich. Nach unten begnügt man sich bestenfalls mit verständnisvollen Seufzern und einer bewegten Klage über fehlende christliche Familien, die eben zölibatäre Berufe in genügender Anzahl zu fabrizieren hätten. Und weiter oben begnügt man sich mit der Zementierung vorhandener Ordnungen wie im vorliegenden Dekret. Das Bestürzende liegt darin, dass die derzeitige Kirchenleitung einfach ein theologisches und pastorales Defizit aufweist, so peinlich das zu sagen ist. Das Amt in der Kirche ist von seinem biblischen Verständnis her ein dem Heile dienendes Amt und kein sakraler Selbstzweck, dem es völlig gleichgültig sein kann, ob Millionen und Abermillionen von Christen überhaupt je die Möglichkeit haben, heilsstiftende Sakramente zu empfangen und die Mitte ihrer Gemeinschaft, die biblisch und dogmatisch die Eucharistie ist, in einer menschlich erlebbaren Weise zu pflegen. Die Tendenz, menschliche Ordnungen und Traditionen höher zu werten als den göttlichen Auftrag, ist das eigentlich Erschütternde an manchen Entscheidungen unserer Kirche am Ende dieses Jahrtausends.*

*Am bedenklichsten ist für mich nach wie vor in dieser Frage der Missachtung göttlicher Weisungen der Umgang mit Priestern, die geheiratet haben. Aus eigener Anschauung weiß ich, dass Gesuche, die der Bischof mit dringenden, pastoral und menschlich begründeten Bitten einreicht, zehn Jahre und mehr gar nicht angeschaut werden. Auch hier gibt es nur das unbarmherzige Nein. Und nun wiederum: Was hat der Herr gesagt? Hat er nicht dem Petrus persönlich eingeschärft, dass er nicht siebenmal, sondern siebenmal siebzigmal am Tage verzeihen sollte? Diese Stelle scheint in römischen Dekreten nie auf. Alle die, die da so ihre Liebe zum Papst betonen und sich als die Papsttreuen belobigen lassen – müssten sie angesichts der Worte des Weltenrichters nicht erschrecken, wenn ein Papst mit Tau-*

*senden von abgelegten Gesuchen und Bitten um Versöh-
nung stirbt? Ist nicht theologisch evident, dass die Verwei-
gerung von Verzeihung und Versöhnung die viel größere
Sünde ist als die Verletzung des Zölibats? Nimmt man etwa
an, dass in der Ordnung des Weltenrichters Schreibtisch-
täter besser fahren als Detailsünder?*

*Auch hier zeigt sich diese immer wieder auftauchende Ten-
denz, die Weisung Jesu kirchlichen Verwaltungspraktiken
und menschlicher Autoritätsausübung unterzuordnen. In
diesen Vorgangsweisen liegt auch die eigentliche Einbu-
ße der päpstlichen Autorität. Denn diese für die Kirche so
notwendige Autorität leitet ihr Gewicht nur von der Übereinstimmung mit Christus her, wie es ja auch im innersten
Wesen der Unfehlbarkeit zum Ausdruck kommt. Aber die
Geschichte lehrt, dass auch die Praxis des höchsten Amtes
von der Sache Jesu abirren kann. Und ich weiß, dass viele
Priester und Laien, die ihr Christsein ernst nehmen, unter
diesen Widersprüchen leiden und sich nach einem Papst
sehnen, der in dieser Zeit vor allem die Güte verkörpert. So
wie das derzeit ist, hat Rom das Image der Barmherzigkeit verloren und sich das der repräsentativen und harten
Herrschaft zugelegt. Mit diesem Image wird die Kirche im
3. Jahrtausend keinen Stich machen – da ändern pompöse
Millenniumsfeiern mit vielen schönen Worten gar nichts.*

*Auch wenn ich diese in die pharisäische Auseinanderset-
zung der Schrift hineinreichenden Defizite beim Namen
nenne, nehme ich von meiner Hoffnung auf das Walten des
Geistes und die Zukunft der Sache Jesu nichts zurück. Aber
die Sensibilisierung für die wahren Intentionen muss in unserer Kirche deutlicher werden. Das Abirren von solchen
Grundsätzen hatte in der Vergangenheit schwerwiegende
Folgen."*[193]

Die Schärfe dieses Briefes verfehlte bekanntlich nicht ihre Wirkung, und Reinhold Stecher erfuhr wiederum ebenso große Zustimmung und Unterstützung seiner verschiedenen Anliegen,[194] wie er sowohl persönlich als auch sein Vorgehen in dieser Sache von anderer Seite gerügt und missbilligt wurden.

In seiner (ausgewogen gehaltenen) Entgegnung „Risse im Mauerwerk – zu Bischof Stechers Papstkritik" meinte etwa der Weihbischof von Salzburg, Andreas Laun, man hätte rundum ein völlig falsches Verständnis von Reinhold Stechers Klage über die weltweit mangelnde Seelsorgepraxis: „So fordert er auf die von Rom nicht zur Kenntnis genommene pastorale Not nicht ‚Mehr-Laien-Mitarbeit!', sondern ‚Mehr Priester!', und zwar durch Aufhebung der Zölibatsbestimmung: mehr Priester, mehr Sakramente, mehr Heil!"

Des Weiteren kritisierte er die unbesonnene Weise, durch welche der Brief öffentlich wurde, sowie die beinahe schon naive Bedenkenlosigkeit angesichts der daraus drohenden Konsequenzen: „Mehrfach war zu hören, das Schreiben Stechers wäre ‚vertraulich', nicht für die Öffentlichkeit bestimmt gewesen. Fest steht aber, dass es Stecher an mehrere – nicht alle! – Bischöfe in Österreich und auch einige in Deutschland versandt hat. Andere mussten sich den Text von Zeitungs-Redaktionen besorgen, und diese Situation erinnert an den Vorwurf falscher Geheimhaltung, wie er sonst an die Adresse Roms gerichtet wird. Was aber die Vertraulichkeit betrifft: Konnte Stecher ernsthaft glauben, im Zeitalter der Kopiergeräte werde ein so brisanter Text geheim bleiben können? Außerdem, sogar wenn Stecher der Sache nach ganz und gar recht hätte: Er hätte die negativen Reaktionen und Folgen für die Kirche [sowie die unkontrollierbar sich verselbständigende Vereinnahmung etwa durch Initiativen wie das Kirchen-Volksbegehren und andere vehemente Kirchenkritiker] voraussehen müssen."[195]

Schließlich schrieb er, Bischof Reinhold Stecher „nimmt die

Instruktion aber zum Anlass, um schwerwiegende, allgemeine ‚Bedenken' gegen die derzeit gültige Ordnung in der Kirche und insbesondere gegen den für diese letztverantwortlichen Papst auszusprechen. [Ihn] stört offenbar nicht so sehr das, was im Dokument enthalten ist, als vielmehr das, was nicht angesprochen wird, und dieses Fehlende wird zum berühmten Tropfen, der das schon lange volle Fass des Zorns im Herzen Stechers zum Überfließen bringt." Diese abschließende Analyse ist nicht gänzlich von der Hand zu weisen und spielt wahrscheinlich auf Geschehnisse im Vorfeld an, welche mit der Bestellung des Nachfolgers von Reinhold Stecher als Bischof von Innsbruck zu tun hatten.

Reinhold Stecher, der immer davon überzeugt war, dass ein Bischof größtes Vertrauen unter den Gläubigen genießen musste, um seinen vielfältigen Aufgaben im vollen Umfang ihrer Anforderungen auch wirklich nachkommen zu können, und der seinen persönlichen „integrativen Führungsstil" danach ausrichtete, die Meinungen der Männer und Frauen seiner Diözese nicht nur zu hören, sondern ebenfalls in seine Arbeit mit aufzunehmen, musste am Ende seiner Amtszeit erfahren, wie weit weg seine eigenen Vorstellungen von denen Roms waren, gleichwohl er Jahre zuvor Signale bekommen hatten, die anderes zu hoffen erlaubt hätten: „[1986/87] hatte ich beim Heiligen Vater [Johannes Paul II.] eine Privataudienz, und er hat mich von sich aus damals gefragt, was ich zu Bischofsernennungen sage. Ich habe mir gedacht, dass ich für die Gelegenheit dankbar bin und damit etwas zum Ausdruck bringe, was mir sehr wichtig erscheint. Ich habe zu ihm gesagt: ‚Ein Bischof braucht für die Ausübung dieses sehr schwierigen Amtes zwei Formen des Vertrauens. Das eine ist das Vertrauen des Petrus. Er gehört zu den Zwölfen und muss mit der Gemeinschaft aller Bischöfe verbunden bleiben, und darum ist dieses Vertrauen des Petrus beziehungsweise seines Nachfolgers wichtig und gut.

Aber das andere Vertrauen ist ebenso wichtig: Er braucht das Vertrauen der Herde, der Ortskirche. Wenn er das nicht in einem ausreichenden Maße hat, kann er nicht wirken. Was tu ich denn ohne dieses Vertrauen? Und wenn jemand dieses Vertrauen nicht hat, kann es keine Macht befehlen. Dieses Vertrauen muss man erwerben, oder es muss zumindest in einem hohen Maß die Gewissheit vorausgehen, dass dieser Bischofskandidat sich solches Vertrauen erworben hat.' Der Heilige Vater hat mir zugestimmt."[196] Dennoch kam es zwischen Dezember 1996 und Oktober 1997, am Ende des Episkopats von Reinhold Stecher, gänzlich anders: Sowohl sein favorisierter Wunschkandidat, Generalvikar Ernst Jäger, als auch die beiden anderen Namen des Dreiervorschlages für die Nachfolge im Amt des Bischofs von Innsbruck wurden von Rom nicht berücksichtigt, wodurch einerseits große Verunsicherung und tiefe Enttäuschung innerhalb der Tiroler Diözese entstanden, andererseits die Nachbesetzung rund zehn Monate in Anspruch nahm, wobei der Name des dann neu gewählten Bischofs (damals) niemandem etwas sagte: Alois Kothgasser.

Bischof Stecher, der seinerzeit gehofft hatte, dass eine dem Geist der Kirche und des Evangeliums entsprechende sogenannte „Demokratisierung" in der Kirche bessere Beachtung fände, weil er sonst lähmende Konflikte vorprogrammiert sah,[197] machte aus seinem Ärger über die doch recht ignorante Vorgehensweise des Vatikans, die keinerlei Mitsprache zuließ oder sich gegenüber gut begründeten Vorschlägen vollends taub stellte, kein Geheimnis – in diesem Licht betrachtet dürfte der Brief an Papst Johannes Paul II. in Reaktion auf die „Instruktion zu einigen Fragen über die Mitarbeit der Laien am Dienst der Priester" auch daraus resultieren.

Hingegen war der Ton in seinem Abschiedshirtenbrief vom 16. November 1997 ein völlig anderer, hatten sich Bischof Reinhold Stecher und sein designierter Nachfolger Alois

Kothgasser in der Zwischenzeit doch viel besser kennen- und schätzen gelernt:

*„Ich schreibe diesen Hirtenbrief in einer gelösten Stimmung, weil ich nach meinen Gesprächen mit meinem Nachfolger die Überzeugung gewonnen habe, dass das Bistum von Innsbruck einen guten Hirten erhält. Ich weiß, dass es in weiten Kreisen von Klerus und Volk ein Befremden darüber gibt, dass wiederum alle Vorschläge und Bitten der Ortskirche übergangen wurden. Es ist auch kein Geheimnis, dass ich mich immer dafür eingesetzt habe, dass erworbenes und bestätigtes Vertrauen eine Empfehlung und nicht ein Hindernis für das Bischofsamt sein soll. Ich bin sehr dankbar, dass auch Bischof Dr. Kothgasser für diese Wünsche und meinen Einsatz Verständnis gezeigt hat. Aber ich möchte alle Gläubigen der Diözese, die auch kritisch denkenden, bitten, die durch diese Vorgeschichte entstandene Enttäuschung nicht den neuen Bischof persönlich spüren zu lassen. Er hat alle Voraussetzungen, die Brücke des Vertrauens zu seiner Herde zu schlagen. Und die Zukunft der Kirche in unserer Heimat wird auch weiterhin davon abhängen, wie viel lebendiges Christentum wir an der Basis verwirklichen.“*

Bereits eine Woche später übergab Reinhold Stecher den Hirtenstab an Alois Kothgasser und weihte ihn zum dritten Bischof von Innsbruck. Die Geschichte, welche er an diesem Tag während der Messfeier erzählte, wurde allgemein als ein wichtiger Teil seines geistigen Erbes und als Auftrag an seinen Nachfolger verstanden, nämlich, dass er (vor allem) als Bischof auf die Menschen barmherzige Rücksicht nehmen sollte, ungeachtet ihrer Herkunft, ihres Standes, ihres Geschlechts oder jeder anderen denkbaren Bedingung.

Reinhold Stecher erinnerte sich in seiner Predigt an eine Frau, zu der er als junger Priester gerufen wurde, als diese im Sterben lag. Sie schenkte ihm ihren kostbarsten Besitz, einen aus Holz geschnitzten und kunstvoll gefassten Heiligen Geist in Form einer Taube mit Strahlenkranz: „Treu seinem Wort bewahrte er [diesen] auf, bis er [ihn] an seinen Nachfolger weitergab.

Nicht nur diese Geste war ein wunderschönes Symbol, auch, dass Reinhold Stecher den [Spiritus Sanctus] von einer Frau in Amt und Würden angenommen hat. Das Wort der Kleinen, der Kinder, aber auch von Frauen in seiner Umgebung achtet und beachtet er."[198]

# KAPITEL 6

# *„So wird das Altern ein pastoraler Dienst“*[199]
## Der Bischof im (Un)Ruhestand

Bischof Alois Kothgasser erinnert sich, mit welcher Entschlossenheit Reinhold Stecher ihm am Tag seiner Bischofswahl den Hirtenstab überreicht hat: „Er war sichtlich erleichtert, nun die Verantwortung in andere Hände legen zu können."[200] Und angesichts der vielfach getätigten Aussage von Bischof Stecher, er hätte sich vor dem Amt seinerzeit gefürchtet und es nur mit einigem Schrecken angenommen, verwundert seine Losgelöstheit am Ende gar nicht, konnte er sich doch seit diesem Tag wieder ganz auf die Seelsorgearbeit konzentrieren, zu der er sich als Erstes berufen fühlte – auch dazu wusste Bischof Kothgasser zu berichten: „Er nützt die ihm neu geschenkte Freiheit. Er predigt Exerzitien und Einkehrtage, vor allem für Priester, Ordensgemeinschaften, aber auch für Laienchristen, geht auf Aushilfe in die Pfarrgemeinden, hält Vorträge zu verschiedenen Anlässen und manchen Jubiläen. Er ist und bleibt Seelsorger aus innerer Leidenschaft. Mit Aufmerksamkeit und Mitverantwortung begleitete er die Anliegen der Kirche in Tirol. Nie aber mischte er sich ein in Anliegen der Leitung der Diözese."[201]

Aktiv engagierte sich Reinhold Stecher weiterhin für seine lebenslangen Themen, unter anderem für den verantwortungsvollen Umgang mit der Natur, den Frieden zwischen allen Menschen und Religionen, die funktionierende und anhaltende Zusammenarbeit in sozial-karitativen Fragen etc.: „So wird das Altern eine Aufgabe, eine Chance, eine Berufung, ein pastoraler Dienst. Vielleicht der allerletzte, zu dem uns der Herr ruft. Das Mühen um ein christliches, ja ein priesterliches Altern ist heute eine höchst aktuelle pastorale Aufgabe, die man am glaubwürdigsten nicht mit Worten, sondern mit seiner eigenen Existenz angeht."

Auffallend in diesem Zusammenhang ist – trotz der zuvor erwähnten sonstigen Differenzen zwischen dem Bischof von Innsbruck und dem Pontifex Maximus in Rom – die hierbei recht große Ähnlichkeit in Auffassung und Haltung mit Papst Johannes Paul II., der ebenfalls (später) seine Parkinsonerkrankung und den damit einhergehenden körperlichen Verfall als eine „evident pastorale Aufgabe" angesehen hat und damit den überlieferten Worten des heiligen Paulus buchstäblich Folge leistete: „Das Leben ist mir Christus, und das Sterben ist mir Gewinn."[202] Für Reinhold Stecher war diese Bibelstelle (Philipper 1,21) dementsprechend nicht nur eine gut klingende Phrase oder eine leicht zu zitierende Leitformel, er wusste aus der eigenen Erfahrung im Zweiten Weltkrieg, was es bedeutete, in Todesangst (über)leben zu müssen, und welche Anstrengungen es in solchen Situationen brauchte, um nicht alle Hoffnung und den Glauben zu verlieren. Mitte der 1980er-Jahre und auch 1997 erkrankte Bischof Reinhold Stecher zudem sehr schwer und stand beide Male an der Grenze zwischen Leben und Tod:. „Stecher wird vorerst weiter in der Intensivstation betreut. Zahlreiche Genesungswünsche sind inzwischen eingetroffen [u. a. auch aus dem Vatikan]:

*,Von Ihrer schweren Erkrankung unterrichtet, übermittelt Ihnen der Heilige Vater den Ausdruck brüderlicher Verbundenheit und erbittet in dieser Stunde der Prüfung Gottes tröstende und stärkende Nähe. Von Herzen erteilt er Ihnen auf die Fürsprache der Gottesmutter, deren besonderem Schutz er Sie empfiehlt, den apostolischen Segen.'"[203]*

Aus diesen und ähnlichen Grenzerfahrungen leitete Reinhold Stecher vielleicht jene teils spirituellen, teils alltagstauglichen Einsichten ab, welche er auch in seinen Büchern und Bildern zum Ausdruck brachte, wobei in allen seinen Werken nicht explizit die Belehrung im Vordergrund steht, sondern versucht wird, in der Reflexion – sowohl über Profanes, als auch über Sakrales – dem Einzelnen wie sich selbst eine Rolle innerhalb des eigenen Lebens sowie der ganzen Schöpfung Gottes zuzuschreiben.

Die Stilmittel dafür sind ebenso simpel wie wirkungsvoll, greift Reinhold Stecher doch sowohl in seinem Schreiben, als auch bei seinen Bildern auf jenen gemeinsamen Erfahrungsschatz zurück, den er mit seinen Mitmenschen offensichtlich teilt; auf Eindrücke des uns alle unmittelbar Umgebenden; jenes Sichtbare, das im richtigen Licht besehen auf das Unsichtbare dahinter verweist.[204] „[Zum Beispiel ist] die Nähe der Berge zum Religiösen nicht einfach der Traum eines frommen Romantikers. Die Verbindung von Berg und Glaube ist so alt wie die menschliche Kultur. Menschen aller Zeiten haben die Botschaft der Berge vernommen, wie sie ein Psalm ausdrückt: ‚Der Tag gibt es weiter dem Tag, eine Nacht raunt es der anderen zu. Da ist keine Sprache, kein Wort – unhörbar bleibt ihre Stimme, und doch – über alle Lande ergeht ihr Ruf ...‘ Diese Botschaft wurde weithin gehört, von den Anden, in denen Heiligtümer auf über 4000 m Höhe gefunden wurden, bis zu den ‚Thronen der Götter‘, den Eisriesen des Himalaja, vom Olymp Griechenlands bis zum Kilimandscharo. So tief ist die Verbindung von Berg und Gottverehrung, dass die Völker des Zweistromlandes, als sie aus den Bergen in die Ebenen einwanderten, dort künstliche Berge, gewaltige Stufentürme errichteten; und um das Himmelragende dieser Bauwerke anzudeuten, schmückten sie die oberste Stufe des Zikkurat mit blau lasierten Ziegeln. Es ist nicht einfach der gefühlvolle Traum der Romantik und ihrer Nachfahren, von ‚heiligen Höhen‘ zu sprechen. Dieser Gedanke wächst aus dem Bedürfnis der sich entfaltenden menschlichen Kultur, die Welt als Symbol zu sehen.“[205]

Metaphern wie diese sind es, die wesentlich zum besseren Verständnis der christlichen Spiritualität beigetragen und darüber hinaus das vielfältige Werk und die Person von Bischof Reinhold Stecher weithin bekannt und beliebt gemacht haben.

Mit seinen eigenen Worten könnte man Reinhold Stecher, der den Erlös seiner Bücher und Bilder großteils karitativen Zwecken hatte zukommen lassen, mit einem „Wegweiser" beschreiben:

„Es ist auf unseren Lebenswegen so, dass wir hie und da Menschen brauchen, die Wegweiserfunktionen ausüben. Menschen, um die wir froh sind, wenn sie beruhigend und klärend aus dem Nebel auftauchen, der über uns fällt. Und recht bedacht, gelten für diese Menschen dieselben Erwartungen wie für die Wegweiser in den Bergen. Sie müssen zunächst *stimmen*, will sagen – fest und gerade in ihrer Überzeugung stehen und dorthin weisen, wo das Ziel ist. Schiefe Wegweiser zeigen entweder hinauf in die Illusion oder hinunter in die Plattheit. Wegweisende Menschen müssen stimmen, das heißt in beruhigender Weise Wahrheit und Richtung ausstrahlen, echte Ziele anweisen, die an der Wirklichkeit orientiert sind. Gott bewahre uns vor Utopisten, Phantasten und manipulierenden Spekulanten, die sich als Wegweiser ausgeben. Und Wegweiser müssen *leserlich* sein. ... Mag sein, dass sie gerade stehen, dass sie die Wahrheit sagen – aber die Inschrift ist nicht zu entziffern, ihre Weisung und Botschaft ist zu intellektuell, zu kompliziert, ihre Sprache ist bildarm, farblos und abstrakt. Oft kann der orientierungssuchende Wanderer nur kopfschüttelnd im Nebel weitergehen. Und schließlich sollten Wegweiser *am Rande* stehen, das heißt, sie hätten ihre Rolle in dienender Gesinnung, in einem gewissen Altruismus zu verrichten, wenn sie glaubhaft bleiben wollen."[206]

Privat war das Leben von Reinhold Stecher in diesen Jahren vor allem von der liebevollen Sorge um seinen erkrankten, älteren Bruder, den Franziskanerpater Vigil (Helmut) Stecher, geprägt, der nach dem Tod der Mutter im Jahr 1970 der letzte leibliche Verwandte des Alt-Bischofs war und gemeinsam mit diesem seit dessen Ruhestand bei den Kreuzschwestern in Hochrum wohnte. Im Februar 2004 ließen dann die Kräfte Vigils gravierend nach, was im Juli des Jahres eine Umsiedlung in den Priesterstock des Sanatoriums Hochrum notwendig machte, wo er schließlich am 29. August 2004 „gottergeben und getröstet durch gute Pflege, die regelmäßigen Besuche [seiner] Mitbrüder, durch die Betreuung durch seinen Priesterbruder Reinhold und den Krankenhausseelsorger Hermann Nagele sein Leben still und ergeben zurück in Gottes Hände [legte]."[207]

Reinhold Stecher, der drei Tage später den Auferstehungsgottesdienst für seinen älteren Bruder in der Hofkirche zelebrierte – dort, wo sie als Kinder zusammen ministriert hatten, und Vigil 1947 auch seine Primiz gefeiert hat –, fand folgende, ergreifende Worte der Erinnerung und der geschwisterlichen Verbundenheit:

„P. Vigil hat immer ein stilles, bescheidenes, aber erfülltes Leben geführt. Er war auch für mich so etwas wie ein ruhiger Pol mit einer gewissen stabilen Heiterkeit des Gemüts. Dabei war sein Schicksal nicht immer idyllisch. Das Jahr 1938 brachte ihm, dem erst 20-Jährigen, drei Wochen Gestapohaft – und dann kamen sechs Jahre Krieg. Als dieser sich zu Ende neigte, haben wir uns, nach langen Jahren der Trennung, in einer unvergesslichen Nordlicht-Winternacht in einem einsamen Fjordtal Nordnorwegens wiedergesehen. Und damals hatten wir schon voll Hoffnung überlegt, dass wir, wenn alles gut läuft, gemeinsam weiterstudieren und vielleicht miteinander Primiz feiern können. Und so ist es dann auch gekommen: Zu Weih-

nachten 1947, hier in der Hofkirche, in der Mitternachts-
messe. Konzelebration war damals noch nicht möglich.
Ich war sein Diakon. Und Vormittag am Heiligen Tag in
Wilten war es dann umgekehrt. Unsere verschiedenen seelsorgerischen Aufgaben haben
uns dann weit auseinandergetragen. Aber in den letzten
Jahren sind für uns zwei Ruheständler die Geleise wieder
parallel gelaufen. Ich danke Gottes Vorsehung dafür, dass
mir die letzten zehn Tage in stiller Gemeinsamkeit zum
Gebet geschenkt wurden. So sind wir nicht mehr im Zeichen des flackernden Nordlichts zusammengekommen,
wie vor 59 Jahren, sondern im Heraufdämmern des ewigen Lichts, das keine Nacht mehr kennt ..."[208]

In den kommenden neun Jahren widmete sich Reinhold Stecher mit ganzer Kraft und Überzeugung seinen priesterlich-
pastoralen und karitativen Tätigkeiten und erhob immer wieder seine Stimme, wenn es um die Forderung nach einer „dienenden Kirche", einer Kirche mit einem „hörenden Herzen",
ging, wenngleich er auch das aktuelle Problem darin erkannte,
„dass durch die Personalpolitik Johannes Pauls II. die Hierarchie in der ganzen Welt so besetzt wurde, dass nur die kon-
servativ-antikonziliare Richtung zum Zug kam [und] derzeit
in den höheren Etagen kaum etwas zu erwarten [ist]. Bei dem
so hochentwickelten (und keineswegs biblischen) Papalismus
wird eine Änderung erst wieder mit einem umsichtigen und
angstfreien Papst kommen. Aber weil unten so viel Leben
ist, habe ich mich in meinen letzten Lebensjahren auf dieses
‚Unten‘ geworfen, mit Exerzitien, Einkehrtagen, Vorträgen,
Büchern, karitativen Aktionen und Tausenden von Briefen. Es
geht darum, Mut zu machen und zu Bewusstsein zu bringen,
dass Kirche eben nicht nur aus den Aktivitäten oder Nichtak-
tivitäten der hohen Etagen besteht. Es hat öfters schon in der
Kirchengeschichte Zeiten gegeben, in denen die Dreitausen-
der im Nebel lagen – und die Täler mehr in der Sonne."[209]

In der Nacht des 28. Januar 2013 erlitt Reinhold Stecher einen schweren Herzinfarkt, infolgedessen er ins Tiroler Landeskrankenhaus eingeliefert wurde. Jedoch verschlechterte sich sein Zustand trotz der intensiven medizinischen Fürsorge zusehends und der amtierende Bischof von Innsbruck musste über die kritische Situation informiert werden. Manfred Scheuer fand sich sofort am Krankenbett seines hoch geschätzten Vorgängers ein und verbrachte mit diesem dessen letzte Stunden im Gebet: Bischof Reinhold Stecher verstarb am Abend des 29. Januar 2013 im Alter von über 91 Jahren.

Die Nachricht vom Tod Reinhold Stechers wurde überall im Land und weit über dessen Grenzen hinaus mit echter Bestürzung und großem Mitgefühl aufgenommen. Von überall her kamen Beileidsbekundungen – Laien wie hohe Würdenträger zollten dem „Tiroler Volksbischof" aufrichtigen Respekt und Papst Benedikt XVI. würdigte in einer Mitteilung Bischof Stecher „als einen engagierten Arbeiter im Weinberg des Herrn". Bis zur Beisetzung in der Bischofsgruft von St. Jakob wurde im Gedenken an den Menschen Reinhold Stecher und sein Vermächtnis jeweils nach dem mittäglichen Angelusläuten die große Glocke des Innsbrucker Doms für fünfzehn Minuten geschlagen und Tausende Menschen nahmen noch persönlich Abschied am Sarg des Verstorbenen und trugen sich in das aufgelegte Kondolenzbuch ein. Der Trauergottesdienst für Reinhold Stecher wurde dann am 2. Februar 2013 ebenfalls unter großer Anteilnahme im Dom von St. Jakob vom Salzburger Erzbischof Alois Kothgasser zelebriert und Manfred Scheuer, der amtierende Bischof von Innsbruck, hob in seiner Predigt die Besonderheiten von Person und Wirken des verstorbenen Alt-Bischofs hervor:

„Mit seinem Zeugnis wird [Bischof Reinhold] zu einem Trostbrief in der Anfechtung, zum Mahnschreiben in dunklen Phasen des Lebens und des Glaubens, in winterlichen Gezeiten der Kirche. ...

Bischof Reinhold ist für mich ein Deuter der scheinbar kleinen und unscheinbaren Dinge, ein Deuter des Alltags. Unter dem Staub verbirgt sich ein goldener, göttlicher Hintergrund, in der Entlegenheit eines Gletscherhahnenfußes erschließt sich Lebens- und Überlebenskraft. ... Bischof Reinhold ist einer, der die Trümmer der Vergangenheit zusammenfügt. Erinnerung hat eine versöhnende Kraft und ist das Gegenteil von Gleichgültigkeit. [Er] erzählte, um die gegenwärtige Verantwortung zu unterstreichen, um zu verändern mit dem Blick auf die Verwirklichung einer Zivilisation der Liebe. Seine Erinnerung macht uns Mut, heute Menschen mit Zivilcourage zu sein, die entschieden jede Form des sozialen Todes, jede Form der Ungerechtigkeit ablehnen und sich unabhängig von menschlichen Unterschieden den Notleidenden zuwenden. ...

Bischof Reinhold war und ist ein Wanderer, ein Wanderprediger zwischen den Welten, die sich auf engstem Raum finden, säkulare Welten, fromme Milieus, ein Wanderer zwischen Kindern und Sterbenden, aus intellektuellen Milieus in einfachere. Da ist Vielsprachigkeit gefordert und Einfühlung, Verständnis, der Versuch von Kommunikation. ...

Vergelt's Gott, Bischof Reinhold, für Deine Briefe, für Dein Gebet, für die Seelsorge, für Deine Arbeit an Erinnerung und Versöhnung, für Deine kritischen Fragen, damit wir der Barmherzigkeit Gottes auf der Spur bleiben. Danke für Deine Kreativität in Sprache und Bild, für Deinen Humor und die Karikaturen, mit denen Du Freiräume und Spielräume in deprimierenden Situationen und Phasen der österreichischen Kirche erschließt. Vergelt's Gott für den Gang zu den Quellen. Mit Deinem Gehen verweist Du auf den, der von sich sagt: ‚Ich bin der Weg.‘ Du bist bei IHM angekommen ...“

Im Anschluss an das Requiem wurde der Sarg des Bischofs an der Trauergemeinde vorbei auf einer Kutsche durch die Innsbrucker Innenstadt gezogen. Am Ende des Kondukts wurde Reinhold Stecher mit einer Ehrensalve und dem Musikstück „Der gute Kamerad" vor dem Dom verabschiedet – die Bestattung in der Krypta erfolgte danach im kleinen Kreis.

In seinem Buch „Geleise ins Morgen" hat Reinhold Stecher für diesen Tag einen bescheidenen Wunsch geäußert, welchen der Autor dieser Zeilen – selbstverständlich nur im Ausmaß seiner bescheidenen Möglichkeiten – zu erfüllen hofft: „Wenn ich mir einmal ein letztes Lied wünschen dürfte, wäre es bestimmt die [folgende Strophe von ‚O Haupt voll Blut und Wunden']:

*‚Wenn ich einmal soll scheiden,*
*so scheide nicht von mir,*
*wenn ich den Tod soll leiden,*
*so tritt du dann herfür!*
*Wenn mir am allerbängsten*
*wird um das Herze sein,*
*dann reiß mich aus den Ängsten*
*kraft deiner Angst und Pein.'"*[210]

# KAPITEL 7

# *In memoriam*

## Ein fiktives Interview mit Bischof Reinhold Stecher

Reinhold Stecher war ein Mensch mit Prinzipien, und was immer er auch sagte und tat, war seinen festen Überzeugungen geschuldet, welche alle ihren tieferen Ursprung im Glauben und Gottvertrauen hatten. In manchem mag er sich vielleicht geirrt haben, wie er selbst in seinem Abschiedshirtenbrief vom 16. November 1997 einräumte; bei anderem steht hingegen fest, dass er völlig richtig lag. Und mit vielem war er seiner Zeit voraus, darf aber (mögliche) Veränderungen in einer „Kirche der Zukunft" nicht mehr miterleben, welche unter Papst Franziskus in Gang gesetzt wurden, einem Papst, „der in dieser Zeit vor allem die Güte verkörpert" und nach dem sich „viele Priester und Laien, die ihr Christsein ernst nehmen" und die an den zahlreichen Widersprüchen in der Amtskirche leiden, sehnen.[211]

Als Abschluss dieser Biografie möchte ich die Essenz der Person und der Botschaft Reinhold Stechers noch einmal in Form eines fiktiven Interviews wiedergeben. Alle „Antworten" sind Originalzitate des Bischofs.

MK: *Bischof Stecher, Sie haben in Ihrer Jugend den Schrecken des Krieges und des Nationalsozialismus erlebt – wie gehen Sie mit der Erinnerung an diese Zeit und das allseits erlittene Leid persönlich um?*

RST: Manchmal haben mich später Leute gefragt, wie man nach derartigen Erlebnissen eigentlich wieder wohlgemut und lebensfroh werden könne. Es geht nicht einfach mit Verdrängen, Nicht-mehr-daran-Denken oder gar mit Heldenverehrungszeremonien. Ich bin durch die Jahrzehnte meines Berufes als Seelsorger immer tiefer in die Erfahrung eines unendlich barmherzigen Gottes hineingewachsen. Mich erfasst das Mitleid mit diesen unzähligen jungen Menschen. Sie waren doch letztlich „arme Teufel", wie das im Soldatenjargon heißt; Benutzte, Missbrauchte, Geplagte und Bemitleidenswerte, und das alles trotz der Fehler, die sie mit sich herumtrugen. Und ich kann mir beim besten Willen keinen Gott vorstellen, der weniger mitleidig ist als ich. So weiß ich doch alles umarmt von einer unfassbaren Liebe, die über Schlachtfelder und tausend Tote und tausend Tragödien der Weltgeschichte wandert und alle Schicksale umarmt und keinen vergisst. Ich weiß glaubend um eine Liebe, die in den Wellenlängen der Ewigkeit atmet und diesen blauen Planeten und das Universum umflutet. Wenn ich so betroffen bin, vom Schicksal dieser Geschundenen, Geängstigten und Erschlagenen – was wird dann die unendliche Barmherzigkeit von ihnen halten!²¹²

*Sie haben oft von der historischen Verantwortung des Christentums am Antisemitismus gesprochen und gefordert, dass es einerseits ein Einsehen, andererseits Konsequenzen gibt.*

Da hat sich durch viele Jahrhunderte ein Tief zusammengebraut – und seine Schatten fallen auf das ganze Abendland, nicht nur das von verschiedenen „Ismen" belastete Abendland, sondern auch das christliche Abendland. Aber nicht in der unmittelbaren Verbindung liegt die christliche Verantwortung – wohl aber in der Ouvertüre der Jahrhunderte, im christlichen Antijudaismus. Und wenn man in die Welt mehr Licht bringen will, darf man diesen belastenden Schatten nicht ausweichen. Aber es hat nicht viel Sinn, diese Dinge zu beschwören. Was wir aber herüberretten sollten ins Heute, das ist die Wachsamkeit gegenüber der Menschlichkeit. Denn diese Phänomene sterben ja leider nicht aus. Ich möchte drei Formen von Viren ansprechen, die den Boden für das unmenschliche Verhalten bilden: den Verlust der Empathie, der Fähigkeit des Hineindenkens in den anderen, das Vorurteil und den Fanatismus. Sie gehören irgendwie zusammen wie Stufen einer Krankheit. Der Verlust der Empathie ist ein emotionales Defizit, das Vorurteil ist ein Denkfehler und der Fanatismus ist die dauernde Beurlaubung von Herz und Hausverstand. Wer immer daran geht, die bedrückenden Phänomene der Weltgeschichte hintergründig zu analysieren, wird auf die stoßen.[213]

*Wie Ihr Vorgänger Bischof Paulus Rusch haben Sie aber nie Schuld zuweisen wollen, sondern für eine versöhnende Aufarbeitung der Zeitgeschehnisse geworben.*

Die ungelöste Schuld ist wie eine böse Intrigantin, die dauernd auf das Schlechte im Menschen hinweist. Die gelöste Schuld ist eine Sekretärin, die immer wieder Begnadigungsgesuche auf den Schreibtisch legt und für das große Verstehen plädiert. Und so ist eine der schönen Seiten des Alters die Milde. Heute muss Kirche dieses Heil der Seele ausstrahlen, weil es einfach viele verwundete, verwirrte, gestrandete, verzweifelte, belastete, uneinsichtige, reulose und schuldverdrängende Menschen gibt, und die tiefste Veränderung bewirkt nicht die Drohung, sondern das Getroffensein von der Liebe. Christus hat weder dem Schächer noch der Sünderin, noch dem Matthäus, noch dem Petrus gedroht. Er hat sie nur angeschaut.[214]

*Sowohl Paulus Rusch als auch Karl Rahner sind wichtige Personen in Ihrem Leben – was verbinden Sie mit ihren Namen?*

Karl Rahner – sein Name steht für mich wie ein Symbol für Dunkel und Licht, quälende Frage und bergendes Glück des Glaubens an Christus in unserer Welt.
Paulus Rusch steht als Bischof für eine Epoche der Welt und Kirchengeschichte, aber auch für den kleinen Sektor der Kirchengeschichte des Landes im Gebirge, die voll von Schicksal und Veränderung, von Wechselbädern der Zeit und äußerer

und innerer Problematik war, dass sich Ähnliches in einem
halben Jahrhundert der letzten tausend Jahre nicht so leicht
finden wird.[215]

*Als Bischof von Innsbruck haben Sie sich für verschiedene The-
men stark gemacht – neben den Belangen der Kirche und des
Glaubens haben Sie sich auch immer zu aktuellen Themen geäußert, aber immer unter der Präambel, keine Parteipolitik zu
betreiben.*

Die Verwobenheit von Kirche und politischer Macht hat zwar
nicht nur negative Erscheinungen gehabt, hat sich im Ganzen aber doch als eine gefährliche Versuchung erwiesen, die
die Geschichte der Kirche belastet. Ich habe keine Hemmung,
mich zum Beispiel für einen verantwortlichen Umgang mit
der Natur, für den Frieden, für Zusammenarbeit in sozial-karitativen Fragen oder für das Klima der Achtung gegenüber
dem Politischen einzusetzen, und auch an integren politischen Persönlichkeiten bin ich interessiert, aber in konkrete
Angelegenheiten der Parteien mische ich mich nicht ein.[216]

*Gilt das auch für Ihr Engagement in der Flüchtlingsproble-
matik?*

Es ist keineswegs ein Versuch der Kirche, Parteipolitik zu betreiben, wenn sie sich in der Frage der Grundeinstellung zum
Fremden, dem Flüchtling, zum Ausländer zu Wort meldet.
Dieses Thema tauchte schon vor Jahrhunderten in der heiligen Schrift auf. Der andere Grund, warum sich die Kirche zu
Wort melden muss, liegt in der Erfahrung des 20. Jahrhunderts. Es gibt so etwas wie eine Urangst vor dem Fremden in
uns. Sofort steigen Gefühle der Abwehr auf, und man erhebt
mit diesen negativen und aggressiven Gefühlen Beschuldi-
gungen, in denen der Fremde pauschalierend verurteilt wird.
Und das ist der Grund, warum man mit diesen Fragen so be-

hutsam umgehen muss. Gewiss braucht alles in Staat und Gesellschaft Regelungen und Ordnungen, auch diese Frage. Und
das braucht es schon um der Ausländer und der wirklichen
Hilfsbedürftigen selbst willen. Aber hier geht es um den Ton
der Menschlichkeit, der die Musik macht.[217]

*Stellen Sie in diesem Zusammenhang die „Gretchenfrage"?*

Nein. Man fragt nach der Not, nicht nach dem Glaubensbe-
kenntnis.[218]

*In diesem Zusammenhang erinnere ich mich gerne daran, wie
Sie die Kirchensammlung innerhalb der Diözese zugunsten der
Domrenovierung verlegen ließen, um Spenden an die Caritas
für Bangladesch zu ermöglichen.*

Nun, ich musste mich selbst beim Wort nehmen – ein Wirbel-
sturm in der Nacht auf den 24. April 1991 und die folgende
Flutwelle haben sieben Millionen Menschen getroffen, so viele wie Österreich [damals] Einwohner [hatte].

*Was ist Ihrer Meinung nach der Grundgedanke der christlichen
Karitas?*

Der Mensch unserer Breitengrade hat im 20. Jahrhundert die
Welt gewonnen, aber an seiner Seele Schaden gelitten. Hinter einer Kulisse von Aktivität, Genuss, Wunscherfüllungen,
Standardanstieg dämmert in den Seelen die Nebelnacht der
Sinnlosigkeit herauf, das Erlebnis der großen Leere. Sinner-
fahrung zeigt sich wesentlich mit der Fähigkeit verbunden,
an andere zu denken, für andere sich einzusetzen, für andere
zu sorgen. Glück und Sinnhaftigkeit sind im Leben immer ein
Nebenprodukt. Wer sich um die Sorgen anderer annimmt,
verringert seine eigenen Sorgen. Wer das Fenster aufmacht,
um den anderen zu sehen, bekommt das Sonnenlicht der

Lebenserfüllung. Wer mit der Anteilnahme von Mensch zu Mensch beschäftigt ist, wird Eisbrecher inmitten einer Welt, in der die Gleichgültigkeit und Isolation wie ein arktischer Wind die menschlichen Beziehungen einfrieren lässt. Hinter solchem Tun von Karitas rauscht aber das Meer der Ewigkeit auf, das Meer des liebenden Gottes. Solche Tätigkeit karitas-orientierter Güte kommt aus dem Glauben und ist vom Glauben getragen. Auch wenn sich manchmal der Akzent von der materiellen Not ein wenig zur seelischen Not verschiebt. So ist zu wünschen, dass Karitas als Ja zum Leben verstanden wird angesichts der aufsteigenden Sinnlosigkeit. Ein herzliches Ja zum Mitfühlen in der Eiszeit des Gemütes, ein gläubiges Ja zum liebenden Gott, der zu uns allen Ja gesagt hat.[219]

*Wichtig war Ihnen auch immer der Umweltschutz, der Respekt für die Schöpfung Gottes ...*

In diesem Jahrhundert ist eine große Wende in der Beziehung von Mensch und Schöpfung eingetreten. Früher stand der Mensch weitgehend hilflos vor den Naturgewalten und musste sich vor ihnen fürchten. Jetzt sind die Rollen fast vertauscht: Die Natur muss sich vor dem Menschen fürchten. Es geht ein Zittern um die Erde. Die Fische zittern vor den Abwässern, die Schmetterlinge vor den Pestiziden. Viele Tiere zittern bei unnötigen, quälenden Experimenten, Tannennadeln und Buchenlaub zittern vor den Abgasen. Die Bergblumen zittern vor der nächsten Schubraupe, die für immer das Aus bedeutet. Hunderttausende von Embryonen zittern im Mutterleib vor der Abtreibung; ja, die ganze Erde hüllt sich nur noch zitternd in den strahlenschützenden Ozonmantel, den wir systematisch zerfetzen. Jahrmillionenlang hat die „unvernünftige" Natur mit ihren feinen Mechanismen und Instinkten für ein gewisses Gleichgewicht in den Lebensräumen gesorgt. Aber der Mensch, der sich nicht auf Instinkte verlassen kann, sondern mit Geist und Herz diese Welt „bebauen und behüten" soll (Gen 2,15), kann mit Habgier und Hochmut viel zerstören.

Es gibt natürlich echten Fortschritt, um den wir alle froh sind. Aber wenn man heute sieht, wie diese energiegeladene, hochentwickelte und durchorganisierte Zivilisation in entscheidenden Fragen der Umwelt und des Lebens danebenfährt, dann kommt einem wirklich der alte Autofahrerspruch in den Sinn: „Was nützt der Tiger im Tank, wenn der Esel am Steuer sitzt?"

Angesichts dieser Situation müssen wir heute um neue Gesinnung beten. Um eine neue Ehrfurcht, die sich auf alles Lebendige erstreckt. Um eine neue Bescheidenheit, die um der Schöpfung willen auf überzogene Ansprüche verzichtet. Und wir müssen um eine neue Gescheitheit bitten, die sich mit Gefühl und Behutsamkeit der Natur annimmt.[220]

*Vor allem die Berge wurden in diesem Zusammenhang Symbol und Motiv für Sie – warum?*

Es geht mir wirklich um die Entfaltung der Beziehung Berg – Mensch, von der ich glaube, dass sie eine Hilfe für das Humanum, das Menschsein, und das Menschwerden bieten kann.[221]

*Inwiefern?*

Die Berge erteilen ihre heilsame Lektion über die Kleinheit des Menschen. Und das Wissen über diese Kleinheit ist und bleibt der Anfang aller Weisheit.

Die Botschaft der Felsfluchten, der Schuttströme und Wasserfälle ist eine vernichtende Lektion gegen die Hybris einer Epoche, in der man die Schöpfung streckenweise mit einem Großlabor oder einer Maschinenhalle, mit einem Bereich unbeschränkter Machbarkeit verwechselt hat.

Sie ist eine eindrucksvolle Korrektur aller jener Ideologien, die den Menschen zum absoluten Mittelpunkt alles Denkens

und zum Maß aller Dinge gemacht haben – jener Grundhaltung, die von der uralten Stimme fasziniert ist, die von Anfang an durch alle Zeiten immer wieder die Parole flüstert: „Ihr werdet sein wie Gott ..."
Diese Botschaft der übermächtigen Berge ist wie ein leises Lachen über alle jene Programme und Heilsbotschaften, die davon ausgehen, der Mensch könne sich selbst aus seinen quälenden Fragen und Problemen erlösen und befreien, und dass er dazu nichts weiter brauche als ein raffiniertes Knowhow und ein paar Psychotricks.

Das stumme Stehen und Staunen von den Urgewalten und Riesenformen der Berge ist eine heilsame Belehrung, ein Zurechtrücken der Wirklichkeit, eine Offenbarung der Wahrheit: der Wahrheit über mein Kleinsein, meine Winzigkeit, meine Zeitlichkeit, meine Grenzen, mein Angewiesensein gegenüber dem Gewaltigen, der hinter dieser Schöpfung steht und lebt.[222]

*Betrachten wir die aktuelle Situation der Kirche – wie schätzen Sie diese ein?*

Die jungen Leute der Gegenwart haben es schwerer, als wir es hatten. Früher war es leichter, ein gläubiger Mensch zu bleiben. Heute kommt das Ungute und Böse von der angenehmen Seite her. Und das macht alles so schwierig.
Heute hat die Verkündigung von Ewigkeitswerten sicher viele Handicaps vor sich, und die Kirche bewegt sich nicht in Form eines Triumphzuges, aber es sind auch eindeutige Chancen gegeben, in vielen Bereichen bessere als früher.[223]

*Dennoch sind Sie mit der „Kirche der Gegenwart" nicht vollauf zufrieden – worin sehen Sie die Möglichkeiten einer „Kirche der Zukunft"?*

Ich bin zutiefst überzeugt, dass – aus Erfahrung in der Rückschau – nur eine offene, konziliare Kirche, die in bescheiden dienender Weise für den Menschen da ist, Zukunft haben wird. Und ich glaube nicht, dass Bewegungen, die vom Streben nach Macht, Posten, Einfluss, Geld die glaubwürdige Kirche der Zukunft sein werden, auch wenn sie unter dem stolzen Titel „Movimenti" segeln.

Ich hoffe immer auf die schlichte dienende Kirche, wie sie sich in unzähligen bewunderungswürdigen Initiativen auch heute immer wieder zeigt, und ich hoffe auf eine Evolution jener Spiritualitäten, die Bleibendes und Veränderliches, Göttliches und Menschliches zu unterscheiden wissen. „Gedenke, o Herr, Deiner Kirche auf der ganzen Erde und vollende dein Volk in der Liebe ..." Dieses Gebet nach der Wandlung liegt mir am Herzen.

Ich habe von der Hoffnung auf Evolution gesprochen, weil die Kirchengeschichte auch um eine schmerzliche Form der Veränderung weiß – die Katastrophe, die schwere Schäden nach sich zieht. Darum wünsche ich meiner hohen Kirche ein hörendes Herz.[224]

*Wenn Sie Ihr Leben als Priester und Ihr Wirken im Amt des Bischofs von Innsbruck Revue passieren lassen, wie fällt Ihr Urteil darüber aus?*

Ich fühle mich nicht rundum erfolgreich. Auch ich werde so manchem Unrecht getan, manches falsch eingeschätzt und Positives übersehen haben. Ich bitte alle, die es getroffen hat, um Entschuldigung. Ich kann auch nicht darüber hinweggehen, dass unter meinem Hirtenamt Menschen die Kirche verlassen haben. Diese Zeichen der Entfremdung sind schmerzlich. Es tröstet mich nur, dass niemand der Liebe des Erlösers entfliehen kann und dass der Herr auf krummen Zeilen gerade schreibt. Auch andere Sorgen sind mir geblieben – und ich muss sie meinen Nachfolgern weitergeben: So sehr wir uns über den guten Geist im Priesterseminar freuen dürfen – die Diskrepanz zwischen Priesterzahl und seelsorgerischer Notwendigkeit wird nach allen statistischen Überlegungen nicht kleiner werden. Ich habe für die Lösung dieser Frage kein Geheimrezept gefunden.

Ich meine auch, dass es keinen gibt, der aus seinem Priesterleben nicht ein paar Narben und Wunden mitgebracht hat. Manchmal bluten sie noch immer. Wunden der Enttäuschung, des Misserfolgs, des Verkanntseins und der ungerechten Behandlung. Wunden des persönlichen Versagens, vielleicht manchmal vertaner Jahre. Wunden, die unter Umständen weit, weit zurückgehen, bis in die Tage der Entscheidung, die oft keine rechte gewesen ist, Wunden eines kaum bewältigten Alleinseins, Wunden der Verbitterung, Wunden nicht erfüllter Lebensträume.

Lass doch auf das alles, was sich da zusammengeballt haben mag, die überwältigende Sonne des Christus scheinen, auf die du zugehst! Wenn die Abendsonne durchbricht, beginnen die dunkelsten Wolken zu leuchten.[225]

# ANHANG ___

## Anmerkungen

1   R. Stecher, Spätlese, 2003, S. 7 und S. 110
2   Ebd. S. 106
3   J. Weber, Spurensuche auf dem Bischofsweg – In: A. Batlogg/
    K. Egger (Hg.), Dank an Reinhold Stecher, 2002, S. 115
4   Vgl. R. Stecher, Augenblicke, 2003, S. 27
5   Vgl. (1) R. Stecher, Augenblicke, 2003, S. 135; (2) R.
    Stecher, Rede zur Feier der hundertjährigen Primiz von Otto Neururer, Piller,
    am 8. Juli 2007, AT-DAI 1.3.1.34.23; (3) K. Egger (Hg.), Reinhold
    Stecher – Mit gläubigem Herzen und wachem Geist, 2014, S. 16;
    et al.
6   I. & P. Ladurner, Das Stecherle – In: A. Batlogg/K. Egger (Hg.),
    Dank an Reinhold Stecher, 2002, S. 239
7   W. Ingenhaeff, Lehrer – Richter – Hirten, 1981, S. 156
8   Vgl. (1) R. Stecher, Dichtung und Glaube, 1996 – In: K. Egger
    (Hg.), Reinhold Stecher – Mit gläubigem Herzen und wachem
    Geist, 2014, S. 131; (2) Präsent, Nr. 39, 1991, Kirche und Literatur: „Mein früh verstorbener Vater war Germanist und hatte uns
    Kindern eine große Bibliothek hinterlassen, die eigentlich die
    deutsche Literatur bis zum Beginn des [zwanzigsten] Jahrhunderts umfasst hat. Darin standen viele Werke, die sicher alles
    andere als katholisch waren – und ich habe alles mit großer Neugier und höchst eingeschränktem Verständnis gelesen. Sicher
    war trotz allem diese Szene nicht so verwirrend pluralistisch wie
    heute, aber wenigstens ahnungsmäßig ist mir große Dichtung
    als geistiger Wert aufgegangen, und mit ihr die halb bewusste
    Einsicht, dass die großen Ideen der Menschheit eben durch diese Werke wehen und dass die Literatur der Welt so etwas ist wie

ein Kauffahrer, der auch für einen gläubigen Menschen, der auf dem Festland seiner weltanschaulichen Position lebt, aus fernen Ufern kommt und mit Schätzen beladen ist."

9 Vgl. J. Justic, Innsbrucker Straßennamen, 2012, S. 213
10 Anmerkung: Laut den Adressbüchern für Innsbruck und die umliegenden Gemeinden der Jahre 1927 und 1928 wurde die Straße 1927/28 umbenannt.
11 Vgl. R. Stecher, Mein Innsbruck, 2010, Film
12 Vgl. (1) ebd.; (2) R. Stecher, Ein Singen geht über die Erde, 1993, S. 41
13 R. Stecher, Augenblicke, 2003, S. 18f.
14 Ebd. S. 145; et al.
15 Vgl. (1) R. Stecher, Geleise ins Morgen, 1995, S. 129; (2) R. Stecher, Liebe ohne Widerruf, 2013, S. 34 und S. 47; (3) J. Bürgler, Licht-Zeichen – In: A. Batlogg/K. Egger (Hg.), Dank an Reinhold Stecher, 2002, S. 187: „Reinhold Stechers Innigkeit hatte ihr Zentrum in der Person Jesu Christi. Christus-Verkündung war immer der Kern seiner Verkündung. Nichts sollte im Zentrum stehen – allein Christus. ... Mit allen Fasern seines Herzens hat Bischof Reinhold [Stecher] sein Leben und Beten ausgerichtet auf Jesus."; (4) A. Batlogg SJ, Reinhold Stechers Verbundenheit mit den Jesuiten, ebd. S. 246
16 R. Stecher, Fröhlich und ernst unter der Mitra, 1997, S. 9
17 Vgl. (1) I. & P. Ladurner, Das Stecherle – In: A. Batlogg/K. Egger (Hg.), Dank an Reinhold Stecher, 2002, S. 239; (2) R. Stecher, Augenblicke, 2003, S. 27: „Ich war sechs Jahre alt und habe das Geschehen nicht begriffen. ... mit ihm ist zum ersten Mal im Leben der Hauch des Todes in mein kleines Paradies der Kindheit gekommen."
18 Ebd. S. 28
19 R. Stecher, Mein Innsbruck, 2010, Film
20 Vgl. (1) R. Stecher, Augenblicke, 2003, S. 46; (2) H. Schreiber, Innsbruck 1938–1945 – In: Zeit – Raum – Innsbruck, Schriftenreihe des Innsbrucker Stadtarchivs: Innsbruck 1938–1945, Vom Anschluss bis zum Kriegsende, 2003: „Trotz des problemlosen Machtwechsels wurde der Terrorapparat des Nationalsozialismus von allem Anfang an in Bewegung gesetzt. In den ersten Stunden und Tagen des Machtwechsels kam es zum Teil zu wüsten Ausschreitungen und Verhöhnungen, Gegner des National-

sozialismus wurden verprügelt. Sofort mit der Machtübernahme begann die SA, SS, Gestapo und eine willfährige Exekutive im Schatten des Jubels mit ihren echten und vermeintlichen GegnerInnen aufzuräumen und mehrere hundert Menschen in Haft zu nehmen. ... Der aufgestaute Hass der vor dem März 1938 ‚illegalen Nazis' führte zu ausgeprägten Rachebedürfnissen, die endlich ausgelebt werden konnten."

21 Anmerkung: Mehrfach betonte RST diesbezüglich sein Unverständnis, und das seiner ganzen Familie, für das von Kardinal Theodor Innitzer geschlossene Konkordat vom 18. März 1938, welches den „Anschluss" Österreichs an das Deutsche Reich seitens der österreichischen katholischen Kirche befürwortet hatte.

22 R. Stecher, Spätlese, 2013, S. 19

23 Anmerkung: Gewöhnlich war die Dauer des RAD auf sechs Monate beschränkt. Ob RST sich bei dieser Zeitangabe geirrt hat oder ob er aus nicht angegebenen Gründen länger eingezogen wurde, konnte der Autor durch Sichtung der gegebenen Unterlagen nicht feststellen.

24 Vgl. (1) R. Stecher, Augenblicke, 2003, S. 49 f.; (2) Diözesanarchiv Innsbruck, RST, AT-DAI 1.2.1.34.25: „Die Propaganda war omnipräsent. ... Der Mensch wurde überrollt, organisiert, diszipliniert, alles musste geschlossen hinter dem Führer stehen. Wenn wir nicht von zu Hause und von der katholischen Jugend her von Anfang an im inneren Widerstand gewesen wären, aus tiefer Glaubensüberzeugung heraus, dann hätte uns die Propaganda auch mitgerissen."

25 Vgl. ebd.: „... Als ich im [Reichsarbeitsdienst] im Jahre 1939 war, hatten wir beim Essen der Abteilung an der Stelle eines Tischgebets immer einen ‚Tischspruch'. Ich werde den ersten Tischspruch in der RAD-Abteilung Ehrenwald nie vergessen: ‚Es wird nicht eher Friede in Deutschland sein, als bis der letzte Jude am letzten Pfaffendarm erhängt ist ...'"

26 Vgl. (1) H. Augustin (Red.), Reimmichls Volkskalender, 2013, S. 71; (2) Tirol ... immer einen Urlaub wert, Sommer 1994, S. 75; (3) *Kirchenblatt für Tirol 48/2*, 1978, Bischof Paul Rusch über das Hirtenamt in der NS-Zeit: „Nach einem kurzen Zwischenspiel mit einem ernsten Gauleiter [Edmund Christoph] und einem eher bürokratisch wirkenden Gestapochef [Dr. Wilhelm Harster] kam ein ‚sehr scharfes Team' nach Innsbruck: Gauleiter [Franz]

Hofer und Gestapochef Dr. [Werner] Hilliges. Bei seinen Berliner Vorsprachen zugunsten mit dem Tode bedrohter Priester machte Bischof Rusch mehr als einmal die Erfahrung, dass die Härte keineswegs von der SS in Berlin oder vom dortigen Innenministerium ausging, sondern einzig in Tirols Gauleitung und der ‚Herrengasse' (Gestapo-Hauptquartier) lag."

27 R. Stecher, Mein Innsbruck, 2010, Film

28 Vgl. (1) M. Kolozs, Karl Rahner – Innsbrucker Jahre, 2014, S. 30 f.; (2) Tirol ... immer einen Urlaub wert, Sommer 1994, S 75f: „Aus der berühmten Stiftskirche wurden Lagerhäuser für Fahrräder, Elektrogeräte, Kochgeschirr, Klosettschalen und Abortrohre ... Im Zuge der Umsiedlung der Südtiroler zogen in die ehemaligen Mönchzellen und sonstigen Räumlichkeiten des Stiftes Südtiroler Familien ein. Ihre Möbel wurden größtenteils in der Kirche zusammengepfercht. Von 1940 bis 1945 sollen dort ungefähr 500 Personen, meist Frauen, Kinder und alte Männer, gewohnt haben. Das Stift Wilten erlitt ein anderes Schicksal. Es musste zwangsweise an das Land Tirol verkauft werden. Hier wurden die Bücher aller aufgehobenen Klöster gesammelt und in den Zimmern und Gängen des Konvents untergebracht. Es war die Absicht des Gauleiters, nach Ausscheiden und Vernichten aller religiösen Bücher in Stift Wilten eine profane Landesbibliothek einzurichten. Außerdem sollte nach dem Wunsch Hofers Bischof Geisler von Brixen hier seine Residenz aufschlagen. Dazu kam es infolge der Kriegswirren aber nicht. Mit Gewalt ging man am 5. März 1940 gegen 42 Schwestern zur Ewigen Anbetung in Innsbruck vor. Die Oberin sagte zu den Beamten, dass der Konvent nur mit römischer Dispens das Kloster räumen dürfe. Da packten die Polizisten eine Schwester nach der anderen, um sie in die bereitstehenden ‚Sanitätsautos' zu zerren. Eine Schwester klammerte sich so fest an ihren Betschemel, dass die Gestapoleute sie samt dem Stuhl wegtrugen. Auch die Kapuziner und Jesuiten wurden aus ihren Häusern ausgewiesen. Eine Reihe von Frauenklöstern und die Klöster der Franziskaner in Innsbruck konnten die NS-Zeit jedoch überstehen."

29 Vgl. (1) Feldkirch, 13.11.2008, 17:00 Uhr, Gedenken Msgre. Dr. Lampert, RST, AT-DAI 1.3.1.34.25: „Viel später, mit einer tieferen Kenntnis von Menschenschicksalen, habe ich meine Verfolger etwas anders beurteilen gelernt. ... Ich bin mit dem Verurteilen

vorsichtig geworden. Aber das hat Zeit gebraucht." (2) R. Stecher, Denke an die Tage der Vergangenheit – In: *das Fenster* –
*Tiroler Kulturzeitschrift*, Heft 43, 1988, S. 4235; (3) Zeitzeugnis
1938–1945, RST, AT-DAI 1.2.1.34.36

30 Vgl. (1) R. Stecher, Die Reichskristallnacht, 1998 – In: K. Egger
(Hg.), Reinhold Stecher – Mit gläubigem Herzen und wachem
Geist, 2014, S. 223, (2) R. Stecher, Die Medaillen in der Spiel-
kiste – In: P. Ladurner (Hg.), Reinhold Stecher – Alles hat seine
Zeit, 2014, S. 57: „Es gab in meiner Familie so etwas wie einen
Anti-Kriegsvirus."

31 P. W. Würmer, Nachruf P. Vigil (Helmut) Stecher: „Das Salzburger Kloster musste innerhalb einer kurz bemessenen, vorge-
gebenen Zeit geräumt werden, da der Landeshauptmann und
Gauleiter von Salzburg [Friedrich Rainer] das Kloster der Staats-
polizeistelle Salzburg als Dienstgebäude zugewiesen hatte. Da
warfen Junioren unter der Anleitung des Tischlers Fr. Angelus
Hörhager unbrauchbar Gewordenes – vor allem altes Mobiliar,
aber auch Bücher und Zeitschriften – einfach beim Fenster hinunter in den Klosterhof. Unter diesen Junioren war auch Fr. Vigil
[Helmut Stecher]."

32 Ebd.

33 Vgl. (1) R. Stecher, Denke an die Tage der Vergangenheit – In:
*das Fenster* – *Tiroler Kulturzeitschrift*, Heft 43, 1988, S. 4236; (2)
Feldkirch, 13.11.2008, 17:00 Uhr, Gedenken Msgre. Dr. Lampert,
RST, AT-DAI 1.3.1.34.25

34 R. Stecher, Geleise ins Morgen, 1995, S. 119 f.

35 Vgl. Zeitzeugnis 1938–1945, RST, AT-DAI 1.2.1.34.36

36 Vgl. (1) R. Stecher, Ein Singen geht über die Erde, 1993, S. 23:
„Wenn heute einer versuchen sollte, über das Begräbnis unseres
Märtyrerpfarrers Neururer Legenden zu erzählen, werde ich ihnen heimleuchten. Ich war nämlich dabei."; (2) Fiß, 20.1.1984,
Patrozinium St. Sebastian, Einweihung der Neururer-Gedächtnis-Friedhofskapelle, RST, AT-DAI 1.3.1.35.5: „Ich war beim Begräbnis seiner Urne in Götzens, während des Krieges, umgeben
von den Beamten der Geheimen Staatspolizei."; (3) Brixen, Vinzentinum, 30.5., o. J., 17:00 Uhr, RST, AT-DAI 1.2.1.34.28: „Wie
[Otto Neururer] der erste ermordete Priester war und das Lager
noch kein eigenes Krematorium hatte, wurde seine Leiche im
öffentlichen Krematorium verbrannt – und von dort wurde die

Asche nach Hause geschickt, wie bei anderen auch. Und so haben wir von Neururer als einzigem Opfer von 6 Millionen KZ-Häftlingen die Asche, die sicher echt ist."; et al.

37 Vgl. (1) R. Stecher, Spätlese, 2013, S. 14; (2) R. Stecher, Fröhlich und ernst unter der Mitra, 1997, S, 76; (3) R. Stecher, Die Reichskristallnacht, 1998 – In: K. Egger (Hg.), Reinhold Stecher – Mit gläubigem Herzen und wachem Geist, 2014, S. 226

38 R. Stecher, Denke an die Tage der Vergangenheit – In: *das Fenster – Tiroler Kulturzeitschrift*, Heft 43, 1988, S. 4236

39 Anmerkung: Zu seiner Beteiligung an der Wallfahrt nach Maria Waldrast machte RST selbst widersprüchliche Angaben. Der Autor nimmt nach gewissenhafter Prüfung und eingedenk der Tatsache, dass RST zu jenem ‚Kern' gehörte, der in der Gestapo-Haft verblieb, jedoch an, dass RST sehr wohl an der Organisation mitgewirkt hat, und meint, dass RSTs Entgegnungen vordergründig damit zusammenhängen mögen, dass er nicht als eine Art Held angesehen werden wollte. Vgl. (1) M. Sprenger, Mach beim Weihrauch keinen tiefen Brustzug ... – In: *Tiroler Tageszeitung* u. a. (Hg.), Tirol hautnah erlebt, 2012, S. 106: „Wir waren Theologiestudenten. Es war ein kleiner Kreis, der damals in Matrei am Brenner zusammengekommen war. Unmittelbar vor unserem Treffen hat die Gestapo den Wallfahrtsort Maria Waldrast gesperrt. Unser Kreis hat trotzdem eine Wallfahrt organisiert."; (2) R. Stecher, Mein Innsbruck, 2010, Film: „Ich bin verhaftet worden, weil man mir vorgeworfen hat, ich hätte an der Organisation einer Wallfahrt nach Maria Waldrast teilgenommen."; (3) W. Ingenhaeff, Lehrer – Richter – Hirten, 1981, S.158 f.: „Ich habe mich zufällig in dem Haus aufgehalten, in dem ein paar Leute die Protestwallfahrt planten", gibt RST an. „Ich habe wohl davon gewusst, beteiligt war ich aber nicht."

40 Vgl. (1) R. Stecher, Mein Innsbruck, 2010, Film; (2) Brixen, Vinzentinum, 30.5., o. J., 17:00 Uhr, RST, AT-DAI 1.2.1.34.28

41 Vgl. R. Stecher, Mein Innsbruck, 2010, Film; (2) Feldkirch, 13.11.2008, 17:00 Uhr, Gedenken an Msgre. Dr. Lampert, RST, AT-DAI 1.3.1.34.25; (3) Erinnerung an Msgre. Dr. Lampert, RST, AT-DAI 1.3.1.34.35: „Vielleicht wird aus dieser damaligen Situation verständlich, dass sie nur mit einer tiefen Verbundenheit zum gekreuzigten und auferstandenen Christus zu ertragen war."

42  R. Stecher, Mein Innsbruck, 2010, Film

43  Vgl. (1) Innsbruck, Haus der Begegnung, 20.5.2004, 17:00 Uhr, Eröffnung der Gedächtnisausstellung Otto Neururer, RST, AT-DAI 1.3.1.34.21; (2) R. Stecher, Spätlese, 2013, S. 9: „Nach dem Krieg hatten ja viele gesagt, sie hätten von den Konzentrationslagern nichts gewusst oder nur verschwommen harmlose Vorstellungen gehabt. Bei manchen mag das stimmen ..., aber für eine sehr große Anzahl stimmte das nicht. Sie wussten sehr wohl, dass Menschen auf Nimmerwiedersehen verschwanden. Man wusste von Zügen mit Juden, die an den allgemeinen Bahnsteigen vorbeigeschleust wurden und deren Fracht in diesen Lagern verschwand. Aber man wollte es andererseits nicht wissen. Es war ja ‚eine so große Zeit'. Und wenn sich da wer entgegenstellte – nun ja, dann flogen eben Späne. Und so hat man weggesehen und verdrängt und vergessen und am Schluss nichts gewusst."

44  Denke an die Tage der Vergangenheit – In: *das Fenster – Tiroler Kulturzeitschrift*, Heft 43, 1988, S. 4236

45  Vgl. (1) W. Ingenhaeff, Lehrer – Richter – Hirten, 1981, S. 160; (2) Piller, 8.7.2007, Feier der hundertjährigen Primiz von Otto Neururer, RST, AT-DAI 1.3.1.34.23; (3) Piller, 28.3.1982, 100. Geburtstag von Märtyrerpfarrer Otto Neururer, RST, AT-DAI 1.3.1.34.2

46  Vgl. (1) R. Stecher, Denke an die Tage der Vergangenheit – In: *das Fenster – Tiroler Kulturzeitschrift*, Heft 43, 1988, S. 4235; (3) Zeitzeugnis 1938–1945, RST, AT-DAI 1.2.1.34.36; (2) R. Stecher, Spätlese, 2013, S. 12; (3) Götzens, 29.6.1999, 17:00 Uhr, Steirische Messner-Wallfahrt, RST, AT-DAI 1.3.1.34.18

47  Vgl. (1) R. Stecher, Mein Innsbruck, 2010, Film; (2) R. Stecher, Denke an die Tage der Vergangenheit – In: *das Fenster – Tiroler Kulturzeitschrift*, Heft 43, 1988, S. 4236; (3) R. Stecher, Augenblicke, 2003, S. 65

48  Vgl. (1) R. Stecher, Spätlese, 2013, S. 16 f. und S. 22; (2) R. Stecher, Ein Singen geht über die Erde, 1993, S. 87

49  A. Berndorfer, Jahrelange Freundschaft – In: A. Batlogg/K. Egger (Hg.), Dank an Reinhold Stecher, 2002, S. 228: „Berührend war für mich auch seine große Liebe zu seiner Mutter. So erzählte er auch einmal von dem Tag seiner Verwundung im hohen Norden. An jenem Tag verließ seine Mutter am Morgen die Ser-

vitenkirche, ging aber in diese sofort wieder zurück und betete, weil sie so eine große Sorge im Herzen spürte. Dass Reinhold Stecher genau zu dieser Stunde verwundet und deswegen von der Front abgezogen wurde, hat ihm das Leben gerettet."

50 R. Stecher, Fröhlich und ernst unter der Mitra, 1997, S. 68 f.

51 Vgl. R. Stecher, Fröhlich und ernst unter der Mitra, 1997, S. 67 bis S. 75: „Der Holocaust hatte ja eine Vorgeschichte, die vornehmlich die Christenheit betrifft."

52 Vgl. (1) R. Stecher, Ein Singen geht über die Erde, 1993, S. 10; (2) R. Stecher, Augenblicke, 2003, S. 82; (3) R. Stecher, Mein Innsbruck, 2010, Film; (4) R. Stecher, Fröhlich und ernst unter der Mitra, 1997, S. 87 f.

53 Vgl. R. Stecher, Spätlese, 2013, S. 45; (2) H. Schreiber, Innsbruck 1938–1945 – In: Zeit – Raum – Innsbruck, Schriftenreihe des Innsbrucker Stadtarchivs: Innsbruck 1938–1945, Vom Anschluss bis zum Kriegsende, 2003

54 Vgl. (1) R. Stecher, Fröhlich und ernst unter der Mitra, 1997, S. 89; (2) R. Stecher, Warum ich Priester bin – In: Tiroler Bauernkalender, 1980, S. 224 f.

55 Vgl. (1) R. Stecher, Augenblicke, 2003, S. 88; (2) R. Stecher, Geleise ins Morgen, 1995, S. 67; (3) R. Stecher, Ein Singen geht über die Erde, 1993, S. 40: „... wie mir Karl Rahner im letzten Gespräch vor dem Tod gesagt hat."

56 P. Rusch, Waage der Zeit – Wege der Zeit, 1983, S. 20 f.

57 Vgl. (1) R. Stecher, Geleise ins Morgen, 1995, S. 112: „Die Einrichtung mit den spinatgrün gestrichenen Möbeln entsprach nicht unbedingt den Vorstellungen einer gepflegten Innenarchitektur. Das Fenster bot einen züchtigen Ausblick in den Garten des Frauenklosters jenseits der Straße." (2) R. Stecher, Spätlese, 2013, S. 53: „Das theologische Konvikt Canisianum bildete in diesen unmittelbaren Nachkriegsjahren eine eigene kleine Welt, in der ein internationales Miteinander aufblühte, das zur Epoche der abgetrennten nationalen Verrücktheit in krassem Gegensatz stand."

58 Vgl. (1) A. Batlogg SJ, Reinhold Stechers Verbundenheit mit den Jesuiten – In: A. Batlogg/K. Egger (Hg.), Dank an Reinhold Stecher, 2002, S. 246; (2) R. Stecher, Augenblicke 2003, S. 86; (3) R. Stecher, Fröhlich und ernst unter der Mitra, 1997, S. 90: „Seit der Matura waren sechs Jahre vergangen. Das damalige Wissen

war tief unter Granattrichtern, Schützenlöchern und der einzigen Sorge ums Überleben begraben. Die für die Wissenschaft reservierten Hirnpartien mussten doch verkümmert sein."

59 Vgl. (1) Ebd. S. 88 und S. 90; (2) R. Stecher, Ein Singen geht über die Erde, 1993, S. 77; et al.

60 Anmerkung: Auch in der Beziehung zu Karl Rahner, wie überhaupt zum Orden der Jesuiten, zeigt sich wiederum Reinhold Stechers bereits zuvor erwähnte Hinwendung zu Jesus Christus als Grund und Ziel aller Theologie und des gesamten Lebens.

61 Vgl. (1) A. Batlogg SJ, Reinhold Stechers Verbundenheit mit den Jesuiten – In: A. Batlogg/K. Egger (Hg.), Dank an Reinhold Stecher, 2002, S. 248 f.; (2) M. Kolozs, Karl Rahner – Innsbrucker Jahre, 2014, S. 95 f.

62 R. Stecher, Warum ich Priester bin – In: Tiroler Bauernkalender, 1980, S. 224 f.

63 R. Stecher, Spätlese, 2013, S. 61, S. 65 f. und S. 77

64 Anmerkung: Die sogenannten „Bergwochen", die RST in Tirol organisierte und führte, boten hierfür den praktischen Erlebnishorizont; vgl. ebd. S. 77 f.: „Lebendige Seelsorge braucht lebendige Kontakte, gemeinsames Erleben, fröhliches Miteinander. ... das Miteinander in den Bergen hat mich auch etwas Zeitloses gelehrt: Alle Seelsorge, vor allem auch alle sakramentale Seelsorge, braucht als notwendigen menschlichen Hintergrund erlebte Gemeinschaft und persönliche Verbundenheit. Auf dieses Basis hat dann das Geheimnis der Eucharistie einen ganz anderen Sitz im Leben als in einem entpersonalisierten Kirchenbetrieb, in dem sich ein Fremder mit Fremdgebliebenen um den Altar versammelt."

65 Vgl. (1) R. Stecher, Spätlese, 2013, S. 76; (2) R. Stecher, Geleise ins Morgen, 1995, S. 20

66 E. Pohler, Wegerfahrungen eines Dekans mit dem Bischof – In: A. Batlogg/K. Egger (Hg.), Dank an Reinhold Stecher, 2002, S. 192 f.

67 Vgl. 50 Jahre Paulinum, 1926–1976, Festschrift

68 R. Stecher, Typoskript, Melodie: Ja in Innsbruck und in Pradl und in Hall; unkorrigierte Wiedergabe

69 Anmerkung: Beim Rigorosum war einer der vier prüfenden Professoren der Jesuit Karl Rahner; vgl. A. Batlogg SJ, Reinhold Stechers Verbundenheit mit den Jesuiten – In: A. Batlogg/

K. Egger (Hg.), Dank an Reinhold Stecher, 2002, S. 247: „Ihm war die letzte halbe Stunde zugedacht. Er fiel mir in dem lateinisch geführten Disput durch eine gewisse bohrende Hartnäckigkeit der gestellten Fragen auf. Und sein Interesse kreiste um die ‚essentia metaphysica gratiae actualis'. Ich gebe gerne zu, dass er inhaltlich und formal eine bedeutend gewandtere Klinge führte als ich, und es fiel mir auch auf, dass er aus den Gedankenbahnen und Begriffen der geläufigen Schultheologie immer wieder ausbrach, aber schlussendlich gelang es mir doch, meine Rechtgläubigkeit und eine gute Note über die Runden zu retten."

70 Vgl. (1) R. Stecher, Darstellung und Begriff der persönlichen Weisheit in den Proverbien, 1951, S. 1 und S. 3; (2) R. Stecher, Spätlese, 2013, S. 49 f.; (3) R. Stecher, Mein Innsbruck, 2010, Film: „Dadurch hat für mich die Heilige Schrift einen ganz anderen Stellenwert bekommen." (4) R. Stecher, Augenblicke, 2003, S. 91: „Als es darum ging, das Dissertationsfach zu suchen, habe ich ohne lange Besinnung das Alte Testament gewählt. Ich hatte ein alte Liebe zur Literatur, eine geheime Bewunderung für den Alten Orient, die fremdartige Sprechweise, das Bilddenken und die symbolträchtigen Erzählungen, und ich erlebte so etwas wie eine Faszination für die uralte Botschaft, in der das Heil allmählich aufblühte."

71 Vgl. (1) R. Stecher, Darstellung und Begriff der persönlichen Weisheit in den Proverbien, 1951, S.12; (2) K. Egger, Einführung – In: K. Egger (Hg.), Reinhold Stecher – Mit gläubigem Herzen und wachem Geist, 2014, S. 11; (3) W. Ingenhaeff, Lehrer – Richter – Hirten, 1981, S. 165: „Wir müssen versuchen, die alte Wahrheit in eine sprachliche Form zu bringen, die der Mensch von heute versteht."

72 R. Stecher, Liebe ohne Widerruf, 2013, S. 7

73 Vgl. W. Ingenhaeff, Lehrer – Richter – Hirten, 1981, S. 162: „... als Vizepräsens von Kolping-Innsbruck, als Seelsorger der Katholischen Studierenden Jugend, als Beichtvater und Spiritual im Priesterseminar. Als geistlicher Assistent des Katholischen Tiroler Lehrervereins erwirbt er sich besondere Verdienste um die seelsorgerische Betreuung der Lehrerschaft im Land. Bekannt geworden ist Stecher außerdem durch seine rege Vortragstätigkeit in Nord- und Südtirol, als Referent des Katholischen Bildungswerks .... Ständig war er auch in der Seelsorgeaushilfe tätig."

74 Vgl. (1) M. Sprenger, Mach beim Weihrauch keinen tiefen Brustzug ... – In: *Tiroler Tageszeitung* u. a. (Hg.), Tirol hautnah erlebt, 2012, S. 100; (2) Kirchenblatt, Nr. 6, 13. Februar 2011

75 M. Sprenger, Mach beim Weihrauch keinen tiefen Brustzug ... – In: *Tiroler Tageszeitung* u. a. (Hg.), Tirol hautnah erlebt, 2012, S. 118

76 Joseph Kardinal Ratzinger zum 40-jährigen Bischofsjubiläum von Paulus Rusch

77 Nachruf auf Paulus Rusch von Reinhold Stecher – In: *Kirche, Wochenzeitung für die Diözese Innsbruck*, 12. April 1986

78 B. Mazohl, Die Kirche im Tiroler Raum bis zur Gründung der Diözese – In: M. Kapferer (Hg.), Notae – Historische Skizzen zur Diözese Innsbruck, 2014, S. 23

79 Bischof Paulus Rusch über Hirtenamt in NS-Zeit – In: *Kirchenblatt für Tirol* 48/2, 1978

80 Anmerkung: In den Jahren 1938 bis 1945 wurden auf dem Gebiet der Diözese Innsbruck 110 Priester verhaftet, aus Gründen wie das Halten einer Predigt oder seelsorgerische Tätigkeit.

81 Vgl. (1) Tirol ... immer einen Urlaub wert, Sommer 1994, S. 74; (2) R. Stecher, Mein Innsbruck, 2010, Film: „Jeder Pfarrer von Tirol hat schöner gewohnt als der Bischof von Innsbruck."

82 Tirol ... immer einen Urlaub wert, Sommer 1994, S. 76 f.

83 AT-DAI 1.3.1.34.35

84 Vgl. R. Gohm, Leiden und Sterben für Christus in der Kirche – In: H. Augustin (Red.), Reimmichls Volkskalender, 2013, S. 74

85 AT-DAI 1.3.1.34.35

86 Vgl. Nachruf auf Paulus Rusch von Reinhold Stecher – In: *Kirche, Wochenzeitung für die Diözese Innsbruck*, 12. April 1986: „Es ist kein falsches Pathos, wenn ich sage, dass Bischof Paulus ein Fels im Strom der Zeit war. Auch an ihm schäumte die Welle der Macht von Gaufürsten auf, damals als er sein Amt antrat. In keinem Kirchengebiet des Deutschen Reiches war die Verfolgung radikaler als in Tirol, und nirgendwo war der Bischof rechtloser. Die Zeit hat ihn innerlich verwundet, und er ist damals krank geworden. Aber als die sieben Jahre vorbei waren, waren sie für ihn wirklich vorbei. In keinem einzigen Fall hat er begangenes Unrecht eingeklagt, auch dort nicht, wo es Menschen in der Kirche Freiheit und Leben gekostet hat. Bis in die letzten Jahre hat er denen, die z. T. von ausländischen Geheimdiensten zu ihm

kamen, um belastendes Material gegen irgendjemand zu erfahren, die Tür gewiesen. Er war ein Fels, aber auch ein Mann der Versöhnung, und alles kleinkarierte, gehässige Wühlen in der Vergangenheit war ihm fremd."

87 Vgl. (1) P. Rusch, Waage der Zeit – Wege der Zeit, 1983, S. 12 f.: „Die Versuchbarkeit des Menschen ist unerwartet groß. ... Versuchbarkeit des Menschen, die in schwere Gefallenheit und Schuld überging. ... Die Versuchbarkeit des Menschen steigerte sich also bis zur Entmenschlichung. Das Humanum war ausgelöscht. Die Rebarbarisierung war gelungen. ... Das war eben der Krieg. Aber dass die Menschen so entmenschlicht werden konnten, das hat uns gründlich von der Meinung befreit, dass der Mensch von Natur aus gut sei. Aber der Mensch ist nicht einfach finster. Wenn diese Finsternis auch jedes Maß übersteigt, wir hatten auch Beispiele von Tapferkeit und Durchhaltevermögen. ... Wenn also die Erfahrung tapferer Herzen gemacht werden konnte, so stand dennoch fest, bei der überwiegenden Mehrheit reichte die Tapferkeit nur so weit, als es ungefährlich war, also z. B. bis zum sonntäglichen Kirchgang. Aber weiter nicht."; (2) *Kirchenblatt für Tirol* 48/2, 1978, Bischof Paul Rusch über Hirtenamt in der NS-Zeit: „Andere Volksstämme haben sich tapferer verhalten."; (3) Zeitzeugnis 1938–1945, RST, AT-DAI 1.2.1.34.36: „Es hätte nach 1945 tausende von Prozessen gegeben, wenn die Kirche die entsprechenden Anzeigen und Klagen eingereicht hätte. Aber Bischof Paulus Rusch hat das immer abgelehnt – und ich stimme ihm zu. Vom christlichen Standpunkt ist die Nicht-Rache richtig."

88 R. Stecher, Bischof im Wandel der Zeiten – In: *Tiroler Schule*, Heft 10, 83. Jg., 1973

89 Vgl. H. Schreiber, Innsbruck 1938–1945 – In: Zeit – Raum – Innsbruck, Schriftenreihe des Innsbrucker Stadtarchivs: Innsbruck 1938–1945, Vom Anschluss bis zum Kriegsende, 2003

90 Vgl. M. Scheuer, Krieg und Friede – Tiroler Bischöfe zu den beiden Weltkriegen – In: M. Kapferer (Hg.), Notae – Historische Skizzen zur Diözese Innsbruck, 2014, S. 37 f.

91 Vgl. (1) P. Rusch, Waage der Zeit – Wege der Zeit, 1983, S. 22 f.; (2) R. Stecher, Ein Singen geht über die Erde, 1993, S. 9: „Da draußen ist so viel ansprechender Vordergrund, der Herz und Geist in Beschlag nimmt, Wirtschaft und Wohlstand, Haben und

Sichern, Genießen und Gelten ... Das alles beschäftigt, fasziniert, verwirrt und trägt mit seiner Hektik zu einer Verarmung des Herzens bei, so wie die Überkultivierung einen Ackerboden auslaugt."; (3) R. Stecher, Botschaft der Berge, 2009, S. 21: „Wir leiden nicht nur an der Umweltzerstörung, sondern noch tiefgründiger an der Innenweltverarmung."; (4) R. Stecher, Der Bischof zur Umwelt – In: *das Fenster* – *Tiroler Kulturzeitschrift*, Heft 27, 1985, S. 3672: „Für eine Gesellschaft, die auf innere Werte verzichtet, gälte sicher das Wort des Herren: ‚Wer nicht hat, dem wird auch das noch genommen, was er hat!'"; et al.

92 P. Rusch, Waage der Zeit – Wege der Zeit, 1983, S. 54
93 Brief von Bischof Paulus Rusch vom 9. Dezember 1954 an den Historiker Albert Massiczek
94 Anmerkung: Im Proprium für Brevier und Messe von 1956 scheint der „Selige Andreas von Rinn" nicht mehr auf. Bischof Paulus Rusch hatte darin die Löschung des Festes angeordnet; vgl. W. Kunzenmann, Das Ende einer Legende – In: W. Kunzenmann (Red.), Judenstein, o. J., S. 66 und S. 72: „Auf Grund weiterer Proteste von jüdischer Seite aus dem In- und Ausland sahen sich Bischof Dr. Paul Rusch und Abt Alois Stöger gedrängt, Aufführungen zunächst für alle fünf Jahre zu erlauben. Diese Regelung führte dann zum gänzlichen Spielverzicht."
95 R. Stecher, Rast unter dem Baum, 1989 – In: K. Egger (Hg.), Reinhold Stecher – Mit gläubigem Herzen und wachem Geist, 2014, S. 16 und S. 18
96 RST, Interview zum 85. Geburtstag – In: *Tiroler Sonntag*, 2006: „Die Bedeutung des Konzils konnte ich an meinem Vorgänger Bischof Paulus Rusch ablesen. Mich bewegte immer, wie sehr das Konzil diesen nüchternen und zurückhaltenden Menschen verändert hat. An der Veränderung seines Wesens wurde für mich deutlich, dass das Konzil neue Geleise gelegt hat."
97 Vgl. (1) P. Rusch, Waage der Zeit – Wege der Zeit, 1983, S. 5 und S. 26 f.; (2) Ebd., S. 37 und S. 39: „Die große Zähigkeit, aber auch die geistige Kraft, Schwierigkeiten zu bewältigen, gehörte mit zum Schönsten, was ein Konzilsteilnehmer erleben konnte. ... So wurde denn auch tapfer gegen den Triumphalismus in der Kirche gesprochen, gegen die Meinung, dass die Kirche überhaupt fehlerfrei sei. Es wurde als Leitwort ausgegeben, die Kirche müsse nur zu einer ‚dienenden Kirche' werden. Das sei

der Ruf der Zeit. Von der früheren Einteilung in streitende, leidende und triumphierende Kirche war nichts mehr zu hören. Festhalten wollen wir die Erfahrung: Erweiterung des Blickes in der Begegnung mit dem Osten und mit anderen Kulturen, den großen geistigen Einsatz, der im Konzil geleistet wurde, die ebenso große Bereitschaft zur Selbstkritik, den Wandel in der Tiefe zu einer positiven Wertung der Gegenwart, der Versuch einer Wiederbegegnung mit Wissenschaft und Kultur der Zeit."

98 Anmerkung: An dieser Stelle ist vor allem der Wahlspruch von Bischof Reinhold Stecher eine Erwähnung wert und ein Hinweis auf die geistige Nachfolgerschaft auf Paulus Rusch: „Dienen und vertrauen."

99 Vgl. (1) P. Rusch, Waage der Zeit – Wege der Zeit, 1983, S. 27 und S. 45; (2) K. Egger, Stationen der Tiroler Kirchengeschichte seit 1945 – In: M. Kapferer (Hg.), Notae – Historische Skizzen zur Diözese Innsbruck, 2014, S. 49 f.: „Um die Mitte der 60er-Jahre hat auch ein zunächst unerwartetes, ja sogar auch überraschendes Verhalten der Gläubigen ihrer eigenen Glaubensgemeinschaft eingesetzt. Hatte sich der Gottesdienstbesuch bis dahin ungefähr auf derselben Frequenz bewegt, so setzte im Laufe dieses und der nächsten Jahrzehnte eine fast erdrutschartige Verminderung der Besucherzahlen ein. ... Auch Tradition und Brauchtum als gesellschaftsprägende Kräfte verlieren in der zunehmend pluralistischen Gesellschaft ihre Bedeutung, zunächst im städtischen und dann auch im ländlichen Bereich. ... Die Gläubigen begannen nach eigenem Ermessen aus dem kirchlichen Angebot auszuwählen, was ihnen gut schien. ... Die einstige Kraft der Volkskirche war damit gebrochen, sosehr volkskirchliche Elemente im Leben der kirchlichen Gemeinden nach wie vor einen bedeutenden Platz einnehmen."

100 R. Stecher, Bischof im Wandel der Zeiten – In: *Tiroler Schule*, Heft 10, 83. Jg., 1973

101 Vgl. R. Stecher, Ringen um Sprache – In: K. Egger (Hg.), Reinhold Stecher – Mit gläubigem Herzen und wachem Geist, 2014, S. 144

102 Vgl. M. Kolozs, Karl Rahner – Innsbrucker Jahre, 2014, S. 61 f.

103 Vgl. (1) R. Stecher, Geleise ins Morgen, 1995, S. 28; (2) R. Stecher, Fröhlich und ernst unter der Mitra, 1997, S. 96: „Ich kann mich erinnern, dass das Konzil als Hoch empfunden wurde. Wenn

man mit Bischöfen gesprochen hat, die die bewegenden Jahre in der Aula von St. Peter erlebt haben, dann war das immer so, als träfe man einen Bergsteiger, der von einer Gipfelstunde schwärmt. Da hatte man das Gefühl eines Aufrisses, der die Wolken ausräumt und große Fernsicht geboten hat. Die kirchliche Wetterlage hat sich etwas verändert. Da gab es kreisende Wirbel von Extremen, die Ängste ausgelöst haben, wirkliche und eingebildete Ängste um Verlust von Glaubenssubstanz und Tradition, Identitätsverlust des Katholischen und Gefährdung der Autorität. Es haben sich Haufenwolken des Misstrauens gebildet. Manchmal sind Platzregen der Indoktrination niedergegangen, die die Herzen nicht erreicht und nicht überzeugt haben. Es gab Warm- und Kaltfronten einer offenen und sich verschließenden Kirche, hie und da haben sich Gewitterfronten aufgetürmt, und manchmal hat's geblitzt. Lokale Aufhellungen und Föhneinbrüche des Heiligen Geistes können über die instabile Wetterlage in der Kirche nicht hinwegtäuschen."

104 *Kirche – Wochenzeitung für die Diözese Innsbruck,* 11. Juli 1999
105 Anmerkung: RST spielt darin auf eine Anekdote an, die berichtet, Papst Johannes XXIII. hätte auf die Frage, was er sich vom Konzil erhoffe, das Fenster seines Zimmers aufgemacht und gesagt: „Dass es frische Luft hereinbringt!", was später wiederum im Schlagwort „Aggiornamento!" zusammengefasst wurde.
106 A. Berndorfer, Jahrelange Freundschaft – In: A. Batlogg/K. Egger (Hg.), Dank an Reinhold Stecher, 2002, S. 227
107 Vgl. W. Ingenhaeff, Lehrer – Richter – Hirten, 1981, S. 155
108 I. & P. Ladurner, Das Stecherle – In: A. Batlogg/K. Egger (Hg.), Dank an Reinhold Stecher, 2002, S. 238
109 R. Stecher, Spätlese, 2013, S. 75
110 *Kirche – Wochenzeitung für die Diözese Innsbruck,* 27. Juni 1993
111 Vgl. R. Stecher, Ein Singen geht über die Erde, 1993, S. 52: „Es erscheint mir heilsam, daran zu erinnern – in einer Zeit, in der Bischofskandidaten nur von Fragen wie Frauenweihe und Befreiungstheologie, Pille und Volksaltar, Sexualerziehung und Ministrantinnen und ähnlichem umschwirrt werden. Es wäre auf allen Etagen der Kirche wichtig, sich daran zu erinnern, dass ein Bischof zu allererst und vor allen Problemen und Problemchen ein Zeuge der Auferstehung sein muss, und ein Verkünder der ganzen Fülle, die hinter dem Auferstandenen auftaucht."

112 Vgl. R. Stecher, Gedanken zum Dienst der Kirche in der Welt von Arbeit und Wirtschaft, 1992 – In: K. Egger (Hg.), Reinhold Stecher – Mit gläubigem Herzen und wachem Geist, 2014, S. 40 f.

113 Vgl. Lukasevangelium 21, 16-19

114 Vgl. RST, AT-DAI 1.3.1.34.37: „Das besonders Faszinierende an Otto Neururer und Jakob Gapp ist, dass die ganz einfache Menschen und Priester waren. Leute wie tausend andere, ohne überwältigende Begabung und ohne jede Form von Berühmtheit in dieser Welt."

115 Anmerkung: Deutlich wird die innere Einstellung Otto Neururers insbesondere durch die Wahl eines Gebets des heiligen Ignatius von Loyola, welches er für sein Primizbild (1907) verwendet hat: „Nimm hin, o Herr, meine ganze Freiheit, mein Gedächtnis und meinen Verstand, und all meinen Willen nimm hin. Was immer ich habe und besitze, hast du mir geschenkt. Dir stelle ich alles zurück und überlasse alles deinem Willen, verfüge darüber nach deinem heiligsten Wohlgefallen. Deine Liebe nur gib mir, und deine Gnade, und ich bin reich genug und verlange nichts anderes." Vgl.: Im Gewöhnlichen außergewöhnlich gut – Der selige Pfarrer Otto Neururer, 2010, Film

116 Vgl. (1) Fiß, 20. Januar 1984, Patrozinium St. Sebastian, Einweihung der Neururer-Gedächtnis-Friedhofskapelle, RST, AT-DAI 1.3.1.35.5: „Hier muss ich aus eigener Erfahrung sagen, dass Pfarrer Neururer mir gerade in den so bedrängenden Personal- und Priesterfragen so oft auffallend geholfen hat, dass ich die Dinge als Gebetserhörungen eingeben muss."; (2) Götzens, 30. Mai 2000, 19:00 Uhr, 60. Todestag des Sel. Otto Neururer, RST, AT-DAI 1.3.1.34.19: „Ich habe ihn in unzähligen Anliegen als treuen Fürbitter und Helfer erlebt, der mir immer auf eine geheimnisvolle Weise nahe war, dem ich so viel in der Diözese anvertraut habe. Jahrelang bin ich da herauf nur mit einem Anliegen gegangen, jeden Monat, dass ich einen guten Nachfolger bekomme. Er hat mich auch darin erhört."; (3) Innsbruck, Haus der Begegnung, 20.5.2004, Christi Himmelfahrt, 17:00 Uhr, Eröffnung der Gedächtnisausstellung Otto Neururer, RST, AT-DAI 1.3.1.34.21: „Ich habe ihm im Laufe der Jahre viel anvertraut. Sorgen mit Kranken, Probleme des Religionsunterrichts, schwierige Ehefragen, Segen für große karitative oder Sozialprojekte, Probleme der Diözese, Personalfragen, Bischofsernen-

nungen für Nachfolger [A. Kothgasser und M. Scheuer]. Mein alter Katechet ist mir so etwas wie ein zweiter Generalvikar im Himmel geworden. Ich muss ihn in meinem Alter auch noch als Reisebüro einspannen, für die eigene gar nicht so sichere Himmelfahrt."

117 A. Kothgasser SDB, Dank, Sympathie und Verbundenheit – In: A. Batlogg/K. Egger (Hg.), Dank an Reinhold Stecher, 2002, S. 13

118 Vgl. (1) Im Gewöhnlichen außergewöhnlich gut – Der selige Pfarrer Otto Neururer, 2010, Film; (2) R. Stecher, Augenblicke 2003, S. 145 f.: „Seine Stille und Beharrlichkeit hatte auch etwas von der Beständigkeit des Granits, an dem das wilde Wasser zerstäubt. Auch die schmutzigen, braunen Fluten der Nazizeit haben ihn nicht bewegt, den kleinen Mann ... Damals haben die Muren der Propaganda so viele in die Tiefe gerissen. Da hat das Geröll der Karristen, die dünne Humusschichte der Bürgerlichkeit und sogar der Hochwald der Intelligenz nicht standgehalten. Aber dieser kleine, stille Mann, der mir die ersten Kniebeugen vor dem Tabernakel beigebracht hat, hat sich nicht gebeugt. Man kann's fast nicht glauben, aber er hat etwas von dem Felsen, über den die Wildbäche Jahrtausende hinwegtoben – und es gelingt ihnen nur, seine feinen Strukturen herauszuwaschen und zu polieren, aber sie rücken ihn keinen Millimeter von der Stelle."

119 Vgl. R. Stecher, Augenblicke, 2003, S. 144

120 Vgl. (1) H. Augustin (Red.), Reimmichls Volkskalender, 2013, S. 74; (2) Urteil der Landesgerichts Innsbruck gegen Georg Weirather, 20. Oktober 1946 – In: Chr. Glechner, Verfolgung ist ein charakteristisches Zeichen für die Echtheit der Kirche, 2010, S. 178 f.: „Nach der Besatzung Österreichs ist der Angeklagte [Georg Weirather] im Juni 1938 nach Innsbruck zurückgekehrt. Bald darauf lernte er in Götzens die 23-jährige Bauerntochter Elisabeth Eigentler kennen und unterhielt mit ihr ab August gleichen Jahres intime Beziehungen. Als er im Oktober 1938 von der Schwangerschaft der Eigentler erfuhr, vereinbarte er mit ihr nach vorheriger Rücksprache bei ihren Eltern für den 10.12.1938 die Trauung. Von der beabsichtigten Eheschließung erfuhr auch Pfarrer Neururer von Götzens. Er sprach schließlich mit Rücksicht auf den großen Altersunterschied – der Angeklagte war 30 Jahre älter als seine Braut – und aus religiösen

Gründen, da der Angeklagte als geschiedener Ehemann nur standesamtlich heiraten konnte, mit den Eltern der Eigentler und dieser selbst. Er erreichte, dass Eigentler Elisabeth über sein Diktat in einem Brief an den Angeklagten am 8.12.1938, also wenige Tage vor der Trauung, erklärte, von ihrem Eheversprechen zurückzutreten. Das Schreiben hat über Bitten des Pfarrers Neururer der Onkel der Elisabeth Eigentler, Josef Eigentler, an den Angeklagten übergeben. Schon dort erklärte der Angeklagte wörtlich: ‚Ich kenne mich schon aus, wer da dahinter ist. Wir werden ja sehen, wer von uns zweien es durchsetzen wird.' Auch dem Bürgermeister von Götzens ... gegenüber erklärte der Angeklagte noch vor der Verhaftung des Pfarrers Neururer: ‚Euer Pfarrer ist die längste Zeit Pfarrer gewesen und der Pfaff muss weg!' ... Tatsächlich hat der Angeklagte trotz Abmahnung durch seinen Dienstvorgesetzten des Finanzamtes Innsbruck ... Neururer bei der Gestapo angezeigt."

121 Vgl. RST, AT-DAI 1.3.1.34.13

122 Vgl. (1) E. Lang-Pertl, Wie Gott will – In: W. Sackl (Red.), Reimmichls Volkskalender, 1988, S. 41; (2) Chr. Glechner, Verfolgung ist ein charakteristisches Zeichen für die Echtheit der Kirche, 2010, S. 180: „Auch in den Umständen, die zu seiner Ermordung im KZ Buchenwald führen, erweist sich Otto Neururer als Seelsorger. Einer seiner Mitgefangenen, Kanonikus Leonhard Steinwender aus Salzburg, berichtet: ‚Eines Sonntags nachmittags gegen 5 Uhr kam Neururer zu mir auf den Block und fragte mich über die Vollmachten, die zur Aufnahme eines Häftlings in die Kirche und zur Spendung der Sakramente notwendig seien. Ich sagte ihm, dass bei der ständigen Todesgefahr aller Häftlinge bezüglich der Vollmachten keinerlei Zweifel bestände. Ich hatte nur Bedenken, ob der Mann, der an ihn herangetreten sei, es auch ehrlich meine, ob er etwa nur eine Unterstützung haben wolle oder ob er vielleicht gar ein Spitzel sei. ... Neururer, der immer zur Güte und Nachsicht neigte und daher auch im Mitmenschen jede Falschheit ausschloss, wies diese Einwendung klar zurück und sagte, er sei sich vollkommen im Klaren und vertraue seinem Schützling in jeder Beziehung. Froh und lächelnd reichte er mir die Hand und wir verabschiedeten uns – für immer ...'"

123 Vgl. Zeugenaussage Albert Holzer, Maurermeister, aus dem

Innsbrucker Diözesanprozess über die Causa Neururer 1984, Anschrift von Frau Beate Fink, am 22. April 2010 „Pfarrer Neururer hat nie geschimpft, er hat alles so genommen, wie es gekommen ist. ... Ich konnte nie verstehen, dass er nie traurig oder unwillig war. ... Er war ein kleiner, schmächtiger Mann, Haut und Beine, aber mutig, wie ich es sonst bei keinem gesehen habe. Wo wir anderen verzweifelt sind und Angst hatten, dass uns die Unmenschen umbringen, hatte er ungebrochenen Mut. ... Er war gehalten von seinem Glauben, hat andere noch mitgerissen. Er hat mich so beeindruckt, dass ich der Meinung war, das ist ein Heiliger. ... Neben ihm habe ich mich wohl gefühlt, der hat alle aufgemuntert. ... Er hat uns immer wieder Mut gemacht und uns getröstet. Dadurch, dass ich auf der Pritsche neben Otto war, habe ich mich nicht mehr so richtig ‚im Lager' gefühlt."; et al.

124 St. Mösl, Pfarrer Otto Neururer – Sein Märtyrertum und wir – In: W. Kunzenmann (Red.), Pfarrer Otto Neururer – Ein Seliger aus dem KZ, 2004, S. 72 f.

125 Vgl. (1) Götzens, 29.6.1999, 17:00, Steirische Messner-Wallfahrt, RST, AT-DAI 1.3.1.34.18; (2) Innsbruck, Haus der Begegnung, 20.5.2004, Christi Himmelfahrt, 17:00 Uhr, Eröffnung der Gedächtnisausstellung Otto Neururer, RST, AT-DAI 1.3.1.34.21

126 Vgl. Götzens, 15.12.1996, Gottesdienst mit Altarweihe Neururer, RST, AT-DAI 1.3.1.30.33: „Ich bin zwar mit dem Wort ‚Held' vorsichtig, aber hier ist es angebracht. Der schüchterne, ängstliche, eher hilflos und unter den damaligen Verhältnissen schrecklich Leidende war zwar nicht unbedingt das, was man sich landläufig unter einem ‚Helden' vorstellt. Er war kein fanatischer Hitzkopf wie P. Haspinger, kein Draufgänger wie Josef Speckbacher, keine gelassene, selbstbewusste Führernatur wie Andreas Hofer. Aber trotzdem hat der Gang in den Todesbunker mehr Heldentum verlangt als eine Bergiselschlacht."; (2) Innsbruck, Dom St. Jakob, Allerheiligen 1981, Vom Sinn der Heiligenverehrung in unserer Zeit, RST, AT-DAI 1.3.1.34.1: „Warum gibt es Heilige, warum gibt es eine Heiligsprechung? Eigentlich ist die Fragestellung ein wenig verwunderlich. Verwunderlich in einer Zeit, die mit Nobelpreisen, Olympiamedaillen, Silbernen Bären und Goldenen Palmen, mit Oscars und Cups, mit Ehrenkreuzen und Ordenssternen für alle möglichen Leistungen nur so um sich

175

wirft. Ist es da wirklich so abwegig, wenn es in unserer doch von sehr äußerlichen Qualitäten geblendeten Gesellschaft so etwas gibt – wenn Sie den Vergleich erlauben – wie einen Nobelpreis für Glaubenstiefe, Selbstlosigkeit, stilles Dienen, Tapferkeit im Leid und fröhliche Armut? Wenn von der Loggia in St. Peter das Bild einer neuen Heiligen entrollt wird und der Papst verkündet, dass nach eingehender, fast übergenauer Überprüfung dieses Lebens gesagt werden kann, dass dieser Mensch zwar seine Grenzen hatte wie alle, aber doch in großartiger und eindrucksvoller Weise die Sache Christi in der Welt verwirklicht hat – jedes Mal, wenn das geschieht, ist das nicht eine höchst vernünftige und notwendige Korrektur für den Maßstab echter menschlicher Größe, und zwar mitten in einer Gesellschaft, die vor Schönheitsköniginnen und Rennsiegern Purzelbäume der Begeisterung schlägt? Sollen wirklich nur Muskelmänner und Schlagerschluchzer ihre Fans haben, aber Menschen, die Segen spendend über die Erde gegangen sind, nicht? – Heilige setzten gültige Maßstäbe des Menschseins. Und darum könnte man schon sagen, dass die Heiligsprechung ein Dienst an der Gesellschaft ist, die diese gültigen Maße ja so leicht verliert."

127 Vgl. (1) Piller, 28.3.1982, 100. Geburtstag von Märtyrerpfarrer Otto Neururer, RST, AT-DAI 1.3.1.34.2; (2) Götzens, 15.12.1996, Gottesdienst mit Altarweihe Neururer, RST, AT-DAI 1.3.1.30.33

128 Anmerkung: Hier verweist RST auf die hingerichteten Priester Jakob Gapp, Franz Reinisch und Carl Lampert, die zur Zeit des Nationalsozialismus in der Apostolischen Administratur Innsbruck-Feldkirch tätig waren.

129 St. Mösl, Pfarrer Otto Neururer – Sein Märtyrertum und wir, In: W. Kunzenmann (Red.), Pfarrer Otto Neururer – Ein Seliger aus dem KZ, 2004, S. 73 f.

130 Anmerkung: Bei Johannes Paul II. persönlich hatte sich RST bereits 1988 für die Seligsprechung Otto Neururers eingesetzt, als der Papst vom 23. bis 27. Juni 1988 Österreich besuchte; vgl. RST, AT-DAI 1.3.1.34.31: „Als der Heilige Vater bei seinem Besuch am Berg Isel 1988 den großen Gottesdienst feierte, durfte ich ihn begrüßen. Ich habe nur zwei Gedanken ausgesprochen: Dass die tiefste Kostbarkeit unseres Landes Tirol das Herz Jesu sei, dem wir uns in besonderer Weise verpflichtet fühlen. Und das zweite war die Bitte um die Seligsprechung Neururers,

der in einer einmaligen Weise für die Heiligkeit der Ehe und
seine priesterliche Tätigkeit gestorben ist."
131 Vgl. Götzens, 29.6.1999, 17:00 Uhr, Steirische Messner-Wallfahrt, RST, AT-DAI 1.3.1.34.18: „Am Ende hat man mir in der
zuständigen Stelle der Heiligsprechungskongregation gesagt ...:
,Wir haben hier bei den unzähligen Prozessen keinen einzigen,
der so eindeutig und klar ist wie der von Neururer – wenn man
alles betrachtet, was in sorgfältigster Weise von gewissenhaften
Männern und Frauen zusammengetragen wurde. Es war auch
einmalig, dass die letzten neun Theologen aus der ganzen Welt,
die den Fall vorgelegt bekommen haben, einstimmig und ohne
jeden Vorbehalt ihr Ja gegeben haben.' – Man hat mir gesagt,
das käme sonst nie vor."
132 Vgl. *Kirche – Wochenzeitung für die Diözese Innsbruck*, 16. April
1995
133 R. Stecher, Augenblicke, 2003, S. 148
134 R. Stecher, Die Volksfrömmigkeit – Kostbarkeit oder Gefahr?,
1989 – In: K. Egger (Hg.), Reinhold Stecher – Mit gläubigem
Herzen und wachem Geist, 2014, S. 26
135 Vgl. (1) A. Alexander, Kirchen und Religionsgemeinschaften
in Tirol – In: M. Gehler (Hg.), Tirol – Land im Gebirge, 1999,
S. 413 f.; (2) R. Stecher, Geleise ins Morgen, 1995, S. 13: „Der
große Theologe Karl Rahner hat einmal gesagt, dass die Kirche der Zukunft eine mystische sein müsse, wenn sie bestehen
wolle. Aber das Wort ,mystisch' verlangt eine gewisse Klärung.
Damit ist nicht das Untertauchen in weltferne Frömmigkeiten
gemeint, der Trip in Ekstasen und Konzentrationstechniken
zur Überwindung der Schwerkraft. Und hierher gehören auch
nicht die Sonderzüge, die von Magie und religiöser Sensations-
lust zusammengestellt werden und gar nicht selten in richtige
Geisterbahnen einbiegen, mit Drohbotschaften, Dämonenangst,
unkontrollierbaren ,Privatoffenbarungen' und einem phantas-
tischen Geheimwissen ... (Es gibt auch im Verkehrsnetz der
Kirche unnütze Seitenbahnen, die man stilllegen müsste ...) Die
,Geleise in die Tiefe' meinen die Mystik im ursprünglichen Sinn
des Wortes: das ,Verbundensein mit dem Geheimnis' im alt-
christlichen Sinn. Das heißt also, dass wir in Zukunft mit Christus eine lebendigere Einheit suchen müssen – in der Schrift, im
Gebet, im Sakrament, in der Liturgie und in der Spiritualität."

136 Anmerkung: Aus dieser Ehe entstammen drei Kinder: Roswitha, Hansjörg und Wolfram Bitterlich.

137 Vgl. H. Gstrein, Engelswerk oder Teufelsmacht, 1990, S. 43: „[1949] erhielt die Mutter [Gabriele Bitterlich], der nun ein großer Engel erschien, von diesem den Auftrag, fortan alles durch sie Geschaute niederzuschreiben. Sie bat darauf Jesus Christus, einen fähigeren und vor allem würdigeren Menschen zu erwählen. Doch berichtet sie darauf, eine ernste Stimme vernommen zu haben: ‚Wenn ich dir den Himmel aufreiße und heiße zu schreiben, so hast du dies zu tun.‘ Von diesem Augenblick und Auftrag an zählt das ‚Werk der Heiligen Engel‘ sein Bestehen. Von jenem Engel, der das erste ‚Schreibe‘ sprach, der auch sagte: ‚Nenne mich Auge Gottes.‘ So erzählte Frau Gabriele wörtlich: ‚Wenn sich der gute Engel geneigt hat, um sehen zu lassen oder hören zu lassen, so ist es mir immer vorgekommen wie ein großes Durchgangshaus, ein Passagehaus. Man konnte durch ihn durchsehen geradewegs auf Gott und nach links und rechts wie durch Glasfenster nach allen Seiten, wie es Gott haben wollte. In die Schöpfung oder in die Engelwelt oder auf diese Welt oder in die Seele oder in die Hölle. So ist er einem vorgekommen. Nicht in menschlicher Gestalt.‘“

138 Vgl. Ebd., S. 50f.

139 Vgl. Ebd., S. 62f.

140 Vgl. Ebd., S. 218f.

141 Anmerkung: Von konservativer Seite, unter anderem von Bischof Kurt Krenn, gab es zumindest den Einwand, man müsse innerhalb der Kirche den Privatoffenbarungen einen gewissen Schutz gewähren, sofern Richtlinien eingehalten werden; vgl. H. Gstrein, Engelswerk oder Teufelsmacht, 1990, S. 233f.

142 Vgl. (1) Ebd. S. 231; (2) Vgl. A. Alexander, Kirchen und Religionsgemeinschaften in Tirol – In: M. Gehler (Hg.), Tirol – Land im Gebirge, 1999, S. 414: „Das damals bereits der vatikanischen Glaubenskongregation zur Prüfung vorliegende „Handbuch" wurde sodann im Juni 1992 ebenso wie die Lehren und Glaubenspraktiken des Engelwerkes von Rom aus ‚klar verurteilt und verboten‘, wodurch die Vorgehensweise Stechers zwei Jahre zuvor auch von höchsten kirchlichen Ämtern bestätigt wurde."

143 Vgl. (1) R. Stecher, Die Volksfrömmigkeit – Kostbarkeit oder Gefahr?, 1989 – In: K. Egger (Hg.), Reinhold Stecher – Mit gläu-

bigem Herzen und wachem Geist, 2014, S. 28; (2) R. Stecher, Ein Singen geht über die Erde, 1993, S. 75: „Eine andere Versuchung für das Sehnen unserer Zeit ist der Kopfsprung in die religiöse Phantastik. Dazu verlocken heute abseits der markierten und manchmal als langweilig empfundenen Wege des Geistes viele dunkle Teiche, angefangen von der Wirren Lehre mancher Sekte, über sensationelle Privatoffenbarungen bis hin zum abergläubischen Brimborium eines Hexen-Club-2 im Fernsehen, bei dem man nicht recht wusste, wo die Komödie anfängt und die Tragödie aufhört. Diese merkwürdigen Kontrastprogramme zu einem überorganisierten und verkopften Zeitalter haben beträchtliche Resonanz. (Vielleicht sind sie manchmal eine Mahnung an die Kirche, dass das Gefühl in etwa bei ihr zu kurz gekommen ist.) Aber trotzdem muss man sagen, dass alle diese Erscheinungen ein bedauerliches Gemeinsames haben: Sie schicken den Hausverstand auf Urlaub. Und wenn auch echter Glaube schlussendlich immer wieder vor dem unfassbaren Geheimnis steht und zutiefst eine Sache des wagenden Herzens und nicht der Rechenschieber ist, so hat doch die Kirche zu recht von Anfang an dem Kopfsprung in die Irrationalität nie das Wort geredet. Sie hat sich immer um Rechtfertigung, Begründung und Zusammenschau bemüht, d. h., sie hat Theologie betrieben. Es gibt im Umkreis des Glaubens eine ganze Menge überlegbarer Dinge und Fragen, die kritisches Denken nicht zu scheuen brauchen. Darum ist der Kopfsprung in den dunklen Teich der religiösen Phantastik keine Lösung.“; (3) RST, *Tiroler Schule,* Heft 1, 1980: „Was an subjektivem Wildwuchs alles aus der Heiligen Schrift herausgelesen wird, demonstrieren uns ja tagtäglich die Sekten in eindrucksvollster Weise.“

144 Vgl. Ebd., S. 76

145 R. Stecher, Die Reichskristallnacht, 1998 – In: K. Egger (Hg.), Reinhold Stecher – Mit gläubigem Herzen und wachem Geist, 2014, S. 228: „Nicht in der unmittelbaren Verbindung liegt die christliche Verantwortung – wohl aber in der Ouvertüre der Jahrhunderte, im christlichen Antijudaismus. Geboren aus einem falschen Verständnis des Evangeliums, erste Verbreitung der verhängnisvollen Bezeichnungen im ersten Jahrtausend (Volk der Gottesmörder usw.), wilde Aufbrüche im Zuge der Kreuzzüge, wobei den Juden für alles Unglück Sündenbock-

funktion zugesprochen wurde (Erdbeben, Pest, Seuche, Hungersnot), Aufkommen der abergläubischen, frei erfundenen Legenden: Hostienschändung, Brunnenvergiftung, Ritualmordverleumdung."

146 Anmerkung: Das Engelwerk ist weiterhin aktiv und hat Niederlassungen an mehreren Orten. Über seine Spiritualität, Zielsetzung usw. kann man sich auf der Homepage www.engelwerk.at informieren (Stand 2014).

147 R. Stecher, Die Frage Judenstein, 1985 – In: K. Egger (Hg.), Reinhold Stecher – Mit gläubigem Herzen und wachem Geist, 2014, S. 249

148 Vgl. W. Kunzenmann (Red.), Judenstein, o. J., S. 5 f.

149 I. Strobl, Das Anderle – In: A. Szanya (Hg.), Durch Reinheit zur Einheit, 1999, S. 152 f.

150 Vgl. *Tiroler Tageszeitung, 6.* Juli 2014: „Wie einer umstrittenen Website zu entnehmen ist, ist eine Fortführung geplant. Dort wird verkündet, dass auch 2014 anlässlich des Jahrestags des angeblichen Ritualmords ein ‚Anderlfest‘, inklusive Messe, stattfinden würde."

151 Anmerkung: Gottesdienste nach dem vorkonziliaren Messritus werden häufig als „Tridentinische Liturgie" bezeichnet; Anhänger des „Anderle-Kults" stimmen mit dem nachkonziliaren Kurs der römisch-katholischen Kirche nicht überein und fördern daher diese veraltete Form der Messfeier.

152 Vgl. W. Kunzenmann, Das Ende einer Legende – In: W. Kunzenmann (Red.), Judenstein, o. J., S. 64

153 Vgl. R. Stecher, Denke an die Tage der Vergangenheit – In: *das Fenster – Tiroler Kulturzeitschrift,* Heft 43, 1988, S. 4238

154 Vgl. (1) R. Stecher, Die Frage Judenstein, 1985 – In: K. Egger (Hg.), Reinhold Stecher – Mit gläubigem Herzen und wachem Geist, 2014, S. 245; (2) K. Schubert, Vom Missverständnis über Verständnis zum Einverständnis – In: W. Kunzenmann, Judenstein, o. J., S. 7: „Der Kulturbruch, wie die Verbrechen des Nationalsozialismus zutreffend bezeichnet werden, bedeutet eine Wende. Nach Auschwitz kann man über antisemitische Stereotypen – auch christliche – nicht mehr so unbefangen sprechen, wie das vorher der Fall war. Jetzt wird von uns Christen ein Schuldbekenntnis gefordert, das wir Jahrhunderte hindurch das heilsgeschichtliche Gegenüber von Christentum und Juden-

tum – von rühmlichen Ausnahmen abgesehen – zu wenig oder
gar nicht beachtet und unser Verhältnis zum Judentum eher
vom Standpunkt einer ecclesia triumphans als vom Verhältnis
einer Partnerschaft im Gottesvolk verstanden haben."
155 Vgl. R. Siebenrock, Hinführung zum Konzilstext Nostra Aetate – In: H. Weber/E. Lesacher, Lesebuch Konzil, 2012, S. 157 f.:
„Der Ursprung des Dokuments liegt in jener Audienz, die Papst
Johannes XXIII. dem französischen Historiker Jules Isaak im
Jahr 1962 gewährte. Der französische Historiker, der im Untergrund während des Krieges im Angesicht von Auschwitz den
christlichen Antisemitismus mit dem Verhältnis von Jesus und
Israel verglich, hatte mit seinen Thesen seit Seelisberg (1947)
wachsende Zustimmung in der christlichen Ökumene gefunden. Dem Papst war die Reinigung der Sprache und der Einstellung als Überwindung des christlichen Antijudaismus ein
Herzensanliegen. Die Karfreitagsbitte (‚perfidei Judaei‘) änderte
er entschieden. Die Frage nach einem Text ‚pro Judaeis‘ wurde
alsbald von verschiedenen Initiativgruppen innerhalb der Kirche zum Thema gemacht. ... [Die] Opposition verband sich mit
der entschiedenen Ablehnung des Textes durch die Vertreter
des traditionellen christlichen Antisemitismus, die an der Subs-
titutionstheorie festhielten, nach der alle Verheißungen Israels
wegen der Nichtanerkennung Jesu an das ‚neue Israel‘, die Kirche, übergegangen seien. Nur mit einer kurzen Einleitung zum
Islam konnte der Text erstmals dem Konzil vorgelegt werden
(1963). ... Der Text musste, um die Erklärung zum Judentum
konzilsfähig zu machen, also versuchen zu allen Religionen zu
sprechen – und zwar mit der Vorgabe: so kurz und so wenig
kontrovers wie möglich. Kardinal Bea verwendete für diese
Ausweitung des Textes ein schönes Bild: Die Erklärung gleiche
einem Senfkorn, das ungeplant gewachsen war und nun allen
Vögeln des Himmels einen Platz gewähren konnte."
156 Anmerkung: An dieser Stelle werden nur für den Text relevan-
te Passagen von „Nostra Aetate" wiedergegeben; vgl. R. Siebenrock, Hinführung zum Konzilstext Nostra Aetate – In: H.
Weber/E. Lesacher, Lesebuch Konzil, 2012, S. 160: „Das Dokument besteht aus nur fünf Artikeln. Nach einer Charakteristik
der Gegenwartssituation wird im ersten Artikel der Religions-
begriff eingeführt. Der zweite Artikel umschreibt das Verhält-

nis von Religion und Kultur und nennt ausdrücklich die Traditionen des Hinduismus und Buddhismus. Im zweiten Abschnitt dieses Artikels erläutert das Konzil die Haltung der Kirche zu den nichtchristlichen Religionen im Verhältnis zu ihrer maßgeblichen Beziehung zu Jesus Christus. Artikel drei widmet sich dem Islam. Artikel vier, der bis zum Schluss am stärksten umstritten war, stiftet ein neues Verhältnis zum Judentum. Der Schlussartikel positioniert die Kirche im Ringen um die Würde des Menschen auf dem Boden des Liebesgebotes des Evangeliums."

157 Vgl. I. Strobl, Das Anderle – In: A. Szanya (Hg.), Durch Reinheit zur Einheit, 1999, S. 154 und S. 162

158 Anmerkung: An dieser Stelle sei nochmals an des „Handbuch der Engel" erinnert, das – unter anderem wegen seines antisemitischen Vokabulars – ebenfalls von Bischof Reinhold Stecher verboten wurde.

159 Vgl. G. Melzer, Das selige Kind Andreas von Rinn, 1989, S. 9f., S. 13f., S. 15 und S. 61f.

160 Vgl. Ebd., S.111

161 Anmerkung: 1. Patrozinum lautet auf „Mariä Heimsuchung", am ersten Sonntag im Juli; 2. Patrozinum ist das „Fest der unschuldigen Kinder".

162 R. Stecher, Die Frage Judenstein, 1985 – In: K. Egger (Hg.), Reinhold Stecher – Mit gläubigem Herzen und wachem Geist, 2014, S. 248

163 Anmerkung: auch „Novemberpogrome"

164 Vgl. (1) Einsicht – Römisch-Katholische Zeitschrift, München, Juli 1991; (2) E. Fritsch, Bischof Reinhold Stechers Verhältnis zur Jüdischen Gemeinde in Tirol – In: A. Batlogg/K. Egger (Hg.), Dank an Reinhold Stecher, 2002, S. 136: „Als wir ihn kennenlernten und etwas näher an sein Ich herangelassen wurden, waren seine Meinungen, Urteile und Einstellungen längst geformt und gefestigt und seine für uns wesentlichste Leistung, die Abschaffung des Anderl-Kults, bereits vollzogen. Es gab nie Gespräche, in denen wir versuchen hätten müssen, dem Bischof unsere divergierenden Meinungen nahezubringen, wie es auch nie Versuche von seiner Seite gab, uns Juden zu vereinnahmen. Sein Verhältnis zu uns war stets von wahrhafter Toleranz und Zuneigung, unter Ausklammerung des Trennenden, getragen."

165 R. Stecher, Die Frage Judenstein, 1985 – In: K. Egger (Hg.), Reinhold Stecher – Mit gläubigem Herzen und wachem Geist, 2014, S. 249

166 Vgl. (1) RST, AT-DAI 1.3.1.34.7; (2) R. Stecher, Die Frage Judenstein, 1985 – In: K. Egger (Hg.), Reinhold Stecher – Mit gläubigem Herzen und wachem Geist, 2014, S. 249

167 Vgl. Ebd., S. 250: „... möchte ich auch darauf hinweisen, dass Bedrohungen, Boykotte und die Ausübung eines Dorfterrors gegenüber allen, die mit der Kirche in dieser Frage gegangen sind, keineswegs überzeugende Zeichen des Christlichen darstellen.“

168 E. Fritsch, Bischof Reinhold Stechers Verhältnis zur Jüdischen Gemeinde in Tirol – In: A. Batlogg/K. Egger (Hg.), Dank an Reinhold Stecher, 2002, S. 127

169 Vgl. RST, AT-DAI 1.3.1.32.15, 31. Oktober 1994, Reformationsfest der evangelischen Kirche, Christuskirche, Innsbruck, 19:30 Uhr: „Wir wissen zwar, dass wir nicht am Ziel sind, aber die in Jahrhunderten ausgeprägte Fremdheit und Distanz ist nicht mehr da.“

170 Vgl. (1) *Tiroler Kronen-Zeitung*, 4. Mai 1997; (2) *Tiroler Tageszeitung*, 30. Mai 1997; et al.

171 M. Sprenger, Mach beim Weihrauch keinen tiefen Brustzug ... – In: Tiroler Tageszeitung u. a. (Hg.), Tirol hautnah erlebt, 2012, S. 101

172 R. Stecher, Geleise ins Morgen, 1995, S. 32

173 Vgl. R. Stecher, Botschaft der Berge, 2009, S. 48: „Unsere Gesellschaft ist ja nicht gerade eine Felsenlandschaft der festen Überzeugungen und gültigen Wahrheiten, sondern eher ein Gelände mit wechselnden Wanderdünen, die sich heute da, morgen dort erheben, wo gerade der Wind des Zeitgeistes den Sand der Mehrheit und die Meinungen der vielen zusammenweht.“

174 Vgl. *Kirche – Wochenzeitung für die Diözese Innsbruck*, 27. November 1994

175 Vgl. Ebd.: „Aber es lehrt mich das Beispiel Christi in der Heiligen Schrift, und das Leben hat es mir oft bestätigt: Mit harten und folgenschweren Pauschalurteilen muss man sehr vorsichtig sein. Und in jedem Zweifelsfall sind wir nach dem Geist Jesu verpflichtet, uns eher der Barmherzigkeit zuzuneigen als der – manchmal nur scheinbaren – ‚Gesetzesgerechtigkeit‘.“

176 Vgl. (1) RST, AT-DAI 1.3.1.18.25, Tonbandabschrift; (2) R. Stecher, Der Christ und die Schöpfung, Ansprache anlässlich der

Tiroler Landes-Nachtwallfahrt zum Georgenberg am 13. Oktober 1988 – In: W. Sackl (Red.), Reimmichls Volkskalender, 1990: „Und der leiseste Schrei der Schöpfung ist gänzlich unhörbar: Ein amerikanischer Forscher, Dr. Nathanson, hat ihn auf den Bildschirm gebannt: Es ist der geöffnete Mund eines Babys, das sich im Mutterleib gegen das Getötetwerden wehrt. Und weil alles so leise ist, kann man es so gut verdrängen."; (3) R. Stecher, Geleise ins Morgen, 1995, S. 70: „Und plötzlich überkommt uns ein jähes Erschrecken, dass unsere hochentwickelte Zivilisation es fertiggebracht hat, den Mutterschoß zum gefährlichsten Aufenthalt des Menschen werden zu lassen, gefährlicher als die Straßen, ja selbst gefährlicher als die Kriegsschauplätze, wie uns die Statistiken lehren."

177 Vgl. M. Sprenger, Mach beim Weihrauch keinen tiefen Brustzug ... – In: *Tiroler Tageszeitung* u. a. (Hg.), Tirol hautnah erlebt, 2012, S. 121

178 Vgl. (1) Kirche – Wochenzeitung der Diözese Innsbruck, 6. August 1989; (2) R. Stecher, Geleise ins Morgen, 1995, S. 17

179 R. Stecher, Ein Singen geht über die Erde, 1993, S. 44

180 Vgl. (1) R. Stecher, Fröhlich und ernst unter der Mitra, 1997, S. 100; (2) R. Stecher, Geleise in die Zukunft der Heimatkirche, 1992 – In: K. Egger (Hg.), Reinhold Stecher – Mit gläubigem Herzen und wachem Geist, 2014, S. 31 f.

181 Vgl. (1) R. Stecher, Ein Singen geht über die Erde, 1993, S. 60; (2) R. Stecher, Fröhlich und ernst unter der Mitra, 1997, S. 102; (3) R. Stecher, Geleise in die Zukunft der Heimatkirche, 1992 – In: K. Egger (Hg.), Reinhold Stecher – Mit gläubigem Herzen und wachem Geist, 2014, S. 30

182 R. Stecher, Spätlese, 2013, S. 97

183 Anmerkung: Obwohl RST sich entschieden für eine Aufhebung des Zölibats aussprach, gab er an, für sich selbst den enthaltsamen Lebensweg wieder wählen zu wollen; vgl. M. Sprenger, Mach beim Weihrauch keinen tiefen Brustzug ... – In: *Tiroler Tageszeitung* u. a. (Hg.), Tirol hautnah erlebt, 2012, S. 116: „Aus tiefster Überzeugung muss ich erklären: Wenn ich noch einmal als Priester anfinge, ich würde wieder das zölibatäre Leben wählen. Ich habe das Zölibat nie als Einschränkung erlebt, sondern als Entfaltung. Aber ich sage auch, ich bin immer der Überzeugung, dass das Zölibat nicht für jeden sein muss."

184 Anmerkung: RST war auch für das Referat „Caritas" zuständig und ebenfalls Vertreter der Österreichischen Bischofskonferenz in der Glaubenskommission der Deutschen Bischofskonferenz.

185 R. Stecher, Spätlese, 2013, S. 93 f.

186 Vgl. Ebd., S. 97

187 Vgl. (1) R. Stecher, Rast unter dem Baum, 1989 – In: K. Egger (Hg.), Reinhold Stecher – Mit gläubigem Herzen und wachem Geist, 2014, S. 22; (2) R. Stecher, Fröhlich und ernst unter der Mitra, 1997, S. 42 f.

188 Vgl. A. Kothgasser SDB, Dank, Sympathie und Verbundenheit – In: A. Batlogg/K. Egger (Hg.), Dank an Reinhold Stecher, 2002, S. 14

189 Vgl. M. Scheuer, Predigt zum Begräbnis von Bischof Reinhold Stecher, am 2. Februar 2013

190 Süddeutsche Zeitung, 13. Dezember 1997, Politik

191 Anmerkung: Bei aller geäußerten Papst-Kritik darf Stechers grundlegende Papsttreue nicht angezweifelt werden. Seinem Verständnis nach bestand diese darin, mit dem Bischofskollegium und seinem Oberhaupt Mitverantwortung zu tragen und dort weiterzudenken, wo neue Fragen aufgetaucht waren, die auch neue pastorale Lösungen einforderten; vgl. Die Furche, 20. Dezember 2001

192 Anmerkung: Siehe auch den Konzilstext „Dekret über das Laienapostolat – Apostolicam Actuositatem"

193 Vgl. Süddeutsche Zeitung, 13. Dezember 1997

194 Anmerkung: U. a. erhielt RST vollstes Verständnis vonseiten seines Nachfolgers Bischof Alois Kothgasser; vgl. Tiroler Tageszeitung, 13./14. Dezember 1997: „Wenn die Mitverantwortung von den Christen wahrgenommen werde, dann gebe es auch mehr Mitentscheidung in der Kirche, wer mehr Mitsprache habe, trage seine Aufgabe auch mit mehr Verantwortung."

195 Vgl (1) RST, Kirchenblatt, 13. Februar 2011: „In Bezug auf meine Kritik an der Kirchenleitung in Rom ist es mir wichtig zu sagen: Ich habe alle Kritikpunkte, die ich als amtierender Diözesanbischof vorgetragen habe, zuvor meinen Vorgesetzten in Rom in persönlichen Gesprächen mitgeteilt." (2) M. Sprenger, Mach beim Weihrauch keinen tiefen Brustzug ... – In: Tiroler Tageszeitung u. a. (Hg.), Tirol hautnah erlebt, 2012, S. 114: „Erfreut reagierten Vertreter der Plattform ‚Wir sind Kirche', die

Initiatoren des von Tirol aus gestarteten Kirchen-Volksbegehrens, auf Stechers Brief. Der Brief werde ‚sowohl als Dokument der Glaubensschau wie der entschleierten Menschlichkeit in die Geschichte eingehen‘, glaubte damals der deutsche Moraltheologe Bernhard Häring. Er verglich den Brief mit dem Mahnschreiben ‚De consideratione‘ des heiligen Bernhard an Papst Eugen III., in dem er im 12. Jahrhundert ‚das unbarmherzige Krachen und Knallen von Gesetzen, die nichts mit dem Evangelium gemein haben,‘ und die ‚große Sünde und Versuchung des Machtmissbrauchs‘ anprangerte. Der Wiener Ordenspriester Pater Josef G. Cascales hat nach der Veröffentlichung des Schreibens unterstützende Unterschriften von mehr als 900 Priestern gesammelt, die Stechers Kritik teilten. ... der Pastoraltheologe Paul Zulehner [dankte] Stecher für sein ‚prophetisches Wort‘, ‚ohne Beschönigung, mit einer guten Portion Zorn, mit unverblümten Worten, im besten Sinne dieses Wortes rücksichtslos‘. Von konservativer Seite, von den Bischöfen Krenn und Küng bis zu Kapellari, wurde Stecher scharf kritisiert."

196 Vgl. *Kirche – Wochenzeitung für die Diözese Innsbruck,* 29. März 1992

197 Vgl. ebd.

198 Vgl. Chr. Hofinger, Der Bischof, dem der Heilige Geist von einer Frau anvertraut wurde – In: A. Batlogg/K. Egger (Hg.), Dank an Reinhold Stecher, 2002, S. 54

199 Vgl. R. Stecher, Auf die alten Tage hin – In: K. Egger (Hg.), Reinhold Stecher – Mit gläubigem Herzen und wachem Geist, 2014, S. 212

200 Vgl. A. Kothgasser SDB, Dank, Sympathie und Verbundenheit – In: A. Batlogg/K. Egger (Hg.), Dank an Reinhold Stecher, 2002, S. 13

201 Ebd., S. 15

202 Vgl. R. Stecher, Auf die alten Tage hin – In: K. Egger (Hg.), Reinhold Stecher – Mit gläubigem Herzen und wachem Geist, 2014, S. 212 und S. 215

203 Vgl. (1) *Tiroler Tageszeitung,* Nr. 272, 1997; (2) E. Pohler, Wegerfahrungen eines Dekans mit dem Bischof – In: A. Batlogg/K. Egger (Hg.), Dank an Reinhold Stecher, 2002, S. 193 f.: „Zwischen dem Bischof und den Dekanen herrschte vollstes Vertrauen. Als Bischof Reinhold Stecher sterbenskrank in der Intensiv-

station in der Klinik lag, kam dies sichtbar an den Tag. Angst und Bedrückung lagen über der Dekanewoche in St. Michael. Wird Reinhold die schwere Krankheit durchstehen und dem Tod entkommen? Dekan Bernhard Praxmarer brachte in einem unvergesslichen Gebet die Not und die Sorge um das Leben von Bischof Reinhold Stecher in der Wallfahrtskirche zu Trens [sic!] zum Ausdruck. Wir spürten, dass der Bischof ein unsichtbares, starkes Band war, das die Diözese mit seinen Mitarbeitern zusammenhielt. Alle Dekane atmeten auf, als aus dem Krankenhaus gute Nachrichten kamen."

204 Vgl. W. Ingenhaeff, Lehrer – Richter – Hirten, 1981, S. 165: „Wir müssen versuchen, die alte Wahrheit in eine sprachliche Form zu bringen, die der Mensch von heute versteht."
205 Vgl. R. Stecher, Botschaft der Berge, 2009, S. 77
206 Ebd., S. 44
207 Vgl. P. W. Würmer, Nachruf P. Vigil (Helmut) Stecher
208 Vgl. Ebd.
209 Vgl. R. Stecher, Sonne im Tal, Quart online, Nr. 1/2013
210 Vgl. R. Stecher, Geleise ins Morgen, 1995, S. 84 f.
211 Vgl. Süddeutsche Zeitung, 13. Dezember 1997, Politik
212 Vgl. R. Stecher, Spätlese, 2013, S. 24 f.
213 Vgl. (1) AT-DAI 1.3.1.27.25; (2) AT-DAI 1.3.1.34.24; (3) R. Stecher, Wider die Unmenschlichkeit, 1990 – In: F. Kaiser, Täter – Mitläufer – Opfer, 1993, S. 113 und S. 119
214 Vgl. R. Stecher, Auf die alten Tage hin – In: K. Egger (Hg.), Reinhold Stecher – Mit gläubigem Herzen und wachem Geist, 2014, S. 219
215 Vgl. (1) R. Stecher, Ein Singen geht über die Erde, 1993, S. 74; (2) R. Stecher, Vorwort – In. P. Rusch. Waage der Zeit – Wege der Zeit, 1983, S. 5
216 Vgl. Kirche – Wochenzeitung für die Diözese Innsbruck, 19. Juni 1994
217 RST, Lichterkette am 22. Januar 1993 – In: Tirol ... immer einen Urlaub wert, Sommer 1994, S. 80 f.
218 R. Stecher, Geleise ins Morgen, 1995, S. 35
219 Vgl. R. Stecher, Grundgedanken christlicher Caritas – In: Kirchenblatt für Tirol, 1978, Nr. 47, S. 3
220 Vgl. RST, Fastenbrief 1992, AT-ADI 1.3.1.15.8
221 R. Stecher, Botschaft der Berge, 2009, S. 37

222 Vgl. Ebd., S. 56 f.
223 Vgl. (1) W. Ingenhaeff, Lehrer – Richter – Hirten, 1981, S. 164; (2) R. Stecher, Kirche in Tirol – In: W. Weingartner, Nachdenken über Tirol, 1993, S. 143
224 Vgl. R. Stecher, Sonne im Tal, *Quart online,* Nr. 1/2013
225 Vgl. (1) R. Stecher, Abschiedshirtenbrief, 16. November 1997 – In: *Kirche – Wochenzeitung für die Diözese Innsbruck;* (2) Vgl. R. Stecher, Auf die alten Tage hin – In: K. Egger (Hg.), Reinhold Stecher – Mit gläubigem Herzen und wachem Geist, 2014, S. 217

# Zeittafel

| | |
|---|---|
| 1921 | Geburt von Reinhold Stecher, am 22. Dezember |
| 1925 | Errichtung der Apostolischen Administratur Innsbruck-Feldkirch, Administrator: Sigismund Waitz |
| 1927–31 | Volksschule, Begegnung mit Kaplan Otto Neururer |
| 1928 | Tod des Vaters Heinz Stecher (geb. 1888) |
| 1931–39 | Akademisches Gymnasium und Matura, am 23. März |
| 1938 | Bestellung von Paulus Rusch zum Administrator von Innsbruck-Feldkirch, Annexion Österreichs an Hitler-Deutschland |
| 1939 | Eintritt ins Priesterseminar, Aufhebung des Canisianums, Repressionen gegen mehrere Ordensgemeinschaften |
| 1939–45 | Zweiter Weltkrieg |
| 1941 | Gestapo-Haft, Einberufung zur Wehrmacht, am 1. September |
| 1942–45 | Fronteinsatz und Verwundung, Heimkehr nach Tirol |
| 1945 | Soldatentod des jüngeren Bruders Gottfried (geb. 1925) |
| 1945–51 | Studium an der Theologischen Fakultät der Universität Innsbruck, u. a. bei Karl Rahner und Josef Andreas Jungmann |
| 1947 | Priesterweihe, gemeinsam mit Bruder Helmut (geb. 1918) |
| 1949–56 | Präfekt im Paulinum, Schwaz; Religionslehrer und Seelsorger in umliegenden Gemeinden |

| 1951 | Dissertation an der Theologischen Fakultät der Universität Innsbruck |
|------|---------------------------------------------------------------------|
| 1956–81 | Religionsprofessor in Innsbruck |
| 1958 | Mitglied der katholischen Studentenverbindung A. V. *Raeto Bavaria Innsbruck* im ÖCV (gegr. 1908 durch Heinz Stecher) |
| 1962–65 | Zweites Vatikanisches Konzil |
| 1964 | Gründung der Diözese Innsbruck, Bischof Paulus Rusch |
| 1965 | Stechers erstes Buch, „Begegnungen auf Mittelwelle", erscheint |
| 1965–70 | Spiritual im Priesterseminar der Diözese Innsbruck-Feldkirch |
| 1970 | Tod der Mutter Rosa Stecher (geb. 1889) |
| 1975 | Ernennung zum Kaplan Seiner Heiligkeit, Monsignore |
| 1978 | Wahl von Papst Johannes Paul II. |
| 1981 | Bischofsweihe im Dom St. Jakob, Innsbruck, am 25. Jänner |
| 1983 | Ring des Landes Tirols; Bischofssynode in Rom |
| 1983–86 | Seligsprechungsverfahren des KZ-Märtyrers Otto Neururer |
| 1984 | Tod von Karl Rahner SJ |
| 1985–94 | Beendigung des Kultes um das „Selige Anderle von Rinn" |
| 1986 | Tod von Bischof Paulus Rusch, am 31. März; Stechers erfolgreichstes Buch, „Botschaft der Berge", erscheint |
| 1988 | Besuch Johannes Pauls II. in Tirol, am 27. Juni |
| 1989 | Förderer der „Aktion Leben" und Gegner der Abtreibungspille „Mifegyne" |
| 1990–93 | Generalsanierung des Doms St. Jakob, Innsbruck |
| 1993 | Ehrenbürger der Stadt Innsbruck, „Großes Goldenes Ehrenzeichen mit Stern für Verdienste um die Republik Österreich"; Teilnahme am |

"Lichtermeer" gegen das von der FPÖ initiierte Volksbegehren „Österreich zuerst" unter Jörg Haider

1994 Teilnahme am Reformationsfest der Evangelischen Kirche Tirols, am 31. Oktober; erstmals Berufung einer verheirateten Frau in den Bischofsrat; erhält gemeinsam mit Simon Wiesenthal das Ehrendoktorat der Universität Innsbruck für Verdienste um die Schaffung eines Klimas der Toleranz und des Dialogs

1995 Kirchenvolksbegehren, Plattform „Wir sind Kirche"

1996 Seligsprechung Otto Neururers durch Johannes Paul II. in Rom

1997 Romkritischer Brief; Ruhestand; Nachfolger Alois Kothgasser

2002 Wahl Alois Kothgassers zum Erzbischof von Salzburg

2003 Weihe Manfred Scheuers zum vierten Bischof von Innsbruck

2004 Tod des älteren Bruders Helmut, am 29. August

2005 Tod von Johannes Paul II., Wahl von Papst Benedikt XVI.

2007 Diamantenes Priesterjubiläum

2010 Ökumenischer Predigtpreis (Bonn)

2011 Verständnis Stechers für die Anliegen der „Pfarrerinitiative"

2012 Stechers letztes Buch, „Spätlese", erscheint

2013 Tod Reinhold Stechers am 29. Jänner; Bestattung in der Krypta des Doms St. Jakob, am 2. Februar; Einweihung des Bischof-Reinhold-Stecher-Platzes vor der Johanneskirche (Neue Universitätskirche) am Innrain, am 20. Oktober

2014 Gründung des Bischof-Stecher-Gedächtnisvereins

# Personenverzeichnis

Die hier angeführten Namen werden im Haupttext erwähnt; Lebensdaten etc. werden wiedergegeben, sofern sie recherchiert werden konnten. Ansonsten steht „k. A." (keine Angaben) oder „k. w. A." (keine weiteren Angaben).

*Aloisius (von Gonzaga):* Jesuit und Heiliger der römisch-katholischen Kirche, geboren am 9. März 1568 in Castiglione delle Stiviere, Italien; gestorben am 21. Juni 1591 in Rom

*Benedikt XVI.* (eigentlich: Joseph Aloisius Ratzinger): Papst (2005–2013, emeritiert), geboren am 16. April 1927 in Marktl am Inn, Deutschland

*Böhm, Alois:* Gymnasiallehrer für Geschichte und Geografie, geboren am 24. Juli 1876 in Innsbruck, Österreich; k. w. A.

*Bruder Willram* (eigentlich Anton Müller): Priester und Schriftsteller, geboren am 10. März 1870 in Bruneck, heute Südtirol, Italien; gestorben am 16. Februar 1939 in Innsbruck, Österreich

*Bitterlich, Gabriele:* Neuoffenbarerin und Gründerin des „Engelwerkes", geboren am 1. November 1896 in Wien, Österreich; gestorben am 4. April 1978 in Silz, Österreich

*Cagna, Mario:* Apostolischer Nuntius der Republik Österreich (1976–1984), geboren am 8. Oktober 1911 in Lu Monferrato, Provinz Alessandria, Italien; gestorben am 4. April 1986, k. w. A.

*Dander, Franz:* Jesuit und Professor für Dogmatik, geboren am 12. Juni 1901; gestorben am 2. Juli 1991 in Innsbruck, Österreich; k. w. A.

*Diesner, Gerhild*: Österreichische Malerin, geboren am 4. August 1915 in Innsbruck, Österreich; gestorben am 5. September 1995 ebendort

*Eigentler, Elisabeth*: k. w. A.

*Faulhaber, Michael von*: Kardinal und Erzbischof von München und Freising (1917–1952), geboren am 5. März 1869 in Heidenfeld, Deutschland; gestorben am 12. Juni 1952 in München, Deutschland

*Fischer, Othmar*: Kaplan, geboren am 4. September 1895 in Innsbruck, Österreich; gestorben am 27. Oktober 1989 in Bregenz, Österreich

*Franziskus*, (eigentlich: Jorge Mario Bergoglio): Papst (seit 2013), geboren am 17. Dezember 1936 in Buenos Aires, Argentinien

*Gaechter, Paul*: Jesuit und Exeget, geboren am 1. März 1893 in Goldach bei Rorschach, Kanton St. Gallen, Schweiz; gestorben am 15. März 1983 in Innsbruck, Österreich

*Gapp, Jakob*: Märtyrer und Seliger der römisch-katholischen Kirche, geboren am 26. Juli 1897 in Wattens, Österreich; hingerichtet am 13. August 1943 in Berlin-Plötzensee, Deutschland

*Guarinoni, Hippolyt*: Arzt und Begründer des „Anderle-Kults", geboren am 18. November 1571 in Trient, heute Südtirol, Italien; gestorben am 31. Mai 1654 in Hall in Tirol, Österreich

*Hitler, Adolf*: nationalsozialistischer Diktator (1933–1945), geboren am 20. April 1889 in Braunau am Inn, Österreich; gestorben am 30. April 1945 in Berlin, Deutschland

*Hofer, Franz*: Gauleiter von Tirol-Vorarlberg (1938–1945), geboren am 27. November 1902 in Hofgastein, Österreich; gestorben am 18. Februar 1975 in Mülheim an der Ruhr, Deutschland

*Jäger, Ernst*: Generalvikar und Diözesanadministrator, geboren am 7. Februar 1943 in Innsbruck, Österreich; k. w. A.

*Johannes XXIII.* (eigentlich: Angelo Giuseppe Roncalli): Papst (1958–1963) und Heiliger der römisch-katholischen Kirche, geboren am 25. November 1881 in Sotto il Monte, Italien; gestorben am 3. Juni 1963 in der Vatikanstadt

*Johannes Paul II.* (eigentlich: Karol Jozef Wojtyla): Papst (1978–2005) und Heiliger der römisch-katholischen Kirche, geboren am 18. Mai 1920 in Wadowice, Polen; gestorben am 2. April 2005 in der Vatikanstadt

*Jungmann, Josef A.:* Jesuit und Vertreter der Verkündigungstheologie, geboren am 16. November 1889 in Sand in Taufers, heute Südtirol, Italien; gestorben am 26. Januar 1975 in Innsbruck, Österreich

*Kafka, Maria Restituta:* Märtyrerin und Selige der römisch-katholischen Kirche, geboren am 1. Mai 1894 in Hussowitz bei Brünn, heute Tschechische Republik; hingerichtet am 30. März 1943 in Wien, Österreich

*Kapellari, Egon:* Bischof von Graz-Seckau (seit 2001), geboren am 12. Januar 1936 in Leoben, Österreich

*Kern, Jakob:* Seliger der römisch-katholischen Kirche, geboren am 11. April 1897 in Breitensee bei Wien, Österreich; gestorben am 20. Oktober 1920 in Wien, Österreich

*König, Franz:* Kardinal und Erzbischof von Wien (1956–1985), geboren am 3. August 1905 in Warth bei Rabenstein, Österreich; gestorben am 13. März 2004 in Wien, Österreich

*Kothgasser, Alois:* Dritter Bischof von Innsbruck (1997–2002) und später Erzbischof von Salzburg (2003–2013), geboren am 29. Mai 1937 in Feldbach, Österreich

*Lakner, Franz:* Jesuit und Vertreter der Verkündigungstheologie, geboren am 27. April 1900 in Friedau, Österreich; gestorben am 7. Juni 1974 in Innsbruck, Österreich

*Lampert, Carl:* Märtyrer und Seliger der römisch-katholischen Kirche, geboren am 9. Januar 1894 in Göfis, Österreich; hingerichtet am 13. November 1944 in Halle (Saale), Deutschland

*Laun, Andreas:* Weihbischof von Salzburg (seit 1995), geboren am 13. Oktober 1942 in Wien, Österreich

*Lehmann, Karl:* Kardinal und Bischof von Mainz (seit 1983), geboren am 16. Mai 1936 in Sigmaringen, Deutschland

*Lugger, Hermann:* Priester, geboren am 7. November 1919 in Innsbruck, Österreich; gestorben am 29. Dezember 2002 ebendort

*Mair, Franz:* Widerstandskämpfer gegen den Nationalsozialismus, geboren am 29. Oktober 1910 in Niederndorf, Österreich; gestorben am 6. Mai 1945 in Innsbruck, Österreich

*Melzer, Gottfried:* Priester, geboren am 22. Februar 1932 in Innsbruck, Österreich; gestorben am 29. September 2013 in Bad Hall, Österreich

*Mitzka, Franz Xaver:* Jesuit und Dekan der Theologischen Fakultät der Universität Innsbruck (1935/36 und 1946/47), geboren am 6. November 1895 in Wien, Österreich; gestorben am 6. April 1950 ebendort

*Mösl, Stephan:* Priester, geboren 25. Dezember 1932 in Navis, Österreich; gestorben am 31. Dezember 2013; k. w. A.

*Müller, Anton:* siehe Bruder Willram

*Nagele, Hermann:* Prälat, geboren 1921/22; gestorben am 27. April 2014; k. w. A.

*Neururer, Otto:* Märtyrer und Seliger der römisch-katholischen Kirche, geboren am 25. März 1882 in Piller, Österreich; gestorben am 30. Mai 1940 in Buchenwald, Deutschland

*Palazzini, Pietro:* Kurienkardinal, geboren 19. Mai 1912 in Piobbico, Italien; gestorben am 11. Oktober 2000 in Rom, Italien

*Pius XI.* (eigentlich: Achille Ambrogio Damiano Ratti): Papst (1922–1939), geboren am 31. Mai 1857 in Desio, Lombardei, Italien; gestorben am 10. Februar 1939 in der Vatikanstadt

*Pius XII.* (eigentlich: Eugenio Maria Giuseppe Giovanni Pacelli): Papst (1939–1958), geboren am 2. März 1876 in Rom,

Italien; gestorben am 9. Oktober 1958 in Castel Gandolfo, Italien

*Raab, Julius*: Österreichischer Bundeskanzler (1953–1961), geboren am 29. November 1891 in St. Pölten, Österreich; gestorben am 8. Januar 1964 in Wien, Österreich

*Rahner, Hugo*: Jesuit und Vertreter der Verkündigungstheologie, geboren am 3. Mai 1900 in Pfullendorf, Deutschland; gestorben am 21. Dezember 1968 in München, Deutschland

*Rahner, Karl*: Jesuit und bedeutender Konzilstheologe, geboren am 5. März 1904 in Freiburg im Breisgau, Deutschland; gestorben am 30. März 1984 in Innsbruck, Österreich

*Ratzinger, Joseph*: siehe Benedikt XVI.

*Rauch, Anton*: Mühlenbesitzer und letzter Bürgermeister der selbstständigen Gemeinde Mühlau, geboren 1865, gestorben 1938; k. w. A.

*Reinisch, Franz*: Märtyrer und Seliger der römisch-katholischen Kirche, geboren am 1. Februar 1903 in Feldkirch-Levis, Österreich; hingerichtet am 21. August 1942 in Brandenburg an der Havel, Deutschland

*Rosenberg, Alfred*: nationalsozialistischer Politiker und Ideologe, geboren am 12. Januar 1893 in Reval, heute Estland; gestorben am 16. Oktober 1946 in Nürnberg, Deutschland

*Rusch, Paulus* (auch: Paul): erster Bischof von Innsbruck (1938–1981), geboren am 4. Oktober 1903 in München, Deutschland; gestorben am 31. März 1986 in Zams, Österreich

*Scheuer, Manfred*: vierter Bischof von Innsbruck (seit 2003), geboren am 10. August 1955 in Haibach ob der Donau, Österreich

*Schuchter, Georg*: Priester, geboren am 4. April 1917 in Silz, Österreich; k. w. A.

*Schwartz, Anton Maria*: Seliger der römisch-katholischen Kirche, geboren am 28. Februar 1852 in Baden bei Wien,

Österreich; gestorben am 15. September 1929 in Wien, Österreich

*Soden-Fraunhofen, Heinrich Graf von:* Weihbischof in München und Freising, geboren am 6. November 1920 in Friedrichshafen, Deutschland; gestorben am 23. Juli 2000 in Engelsberg, Deutschland

*Stecher, Heinz* (Heinrich): Vater von Reinhold Stecher, Hauptlehrer an der Lehrerbildungsanstalt Innsbruck und Landesschulinspektor (ab 1928), geboren 1888; gestorben 1928; k. w. A.

*Stecher, Rosa* (geborene Harpf): Mutter von Reinhold Stecher, geboren am 15. April 1889 in Innsbruck; gestorben am 12. Januar 1970 ebendort

*Stecher, Fr. Vigil* (eigentlich: Helmut): Franziskaner und älterer Bruder von Reinhold Stecher, geboren am 6. Februar 1918 in Mühlau bei Innsbruck; gestorben am 29. August 2004 in Hochrum, Österreich

*Stecher, Reinhold:* zweiter Bischof von Innsbruck (1981–1997), geboren am 22. Dezember 1921 in Mühlau bei Innsbruck, Österreich; gestorben am 29. Januar 2013 in Innsbruck, Österreich

*Stecher, Gottfried:* jüngerer Bruder von Reinhold Stecher, geboren 1925 in Mühlau bei Innsbruck, Österreich; gestorben am 4. April 1945 in Oberschlesien; k. w. A.

*Tewes, Ernst:* Weihbischof von München und Freising (1968–1984), geboren am 4. Dezember 1908 in Essen, Deutschland; gestorben am 16. Januar 1984 in München, Deutschland

*Urban, Hubert:* Hirnforscher, geboren am 4. Mai 1904 in Linz, Österreich; gestorben am 6. November 1997 in Innsbruck, Österreich

*Volk, Hermann:* Kardinal und Bischof von Mainz (1962–1982), geboren am 27. Dezember 1903 in Groß-Steinheim, Deutschland; gestorben am 1. Juli 1988 in Mainz, Deutschland

*Waitz, Sigismund*: Apostolischer Administrator von Innsbruck-Feldkirch (1921–1938) und Erzbischof von Salzburg (1935–1941), geboren am 29. Mai 1864 in Brixen, heute Südtirol, Italien; gestorben am 30. Oktober 1941 in Salzburg, Österreich

*Waitz, Walter*: Priester, geboren am 27. August 1902 in Hall in Tirol, Österreich; k. w. A.

*Weber, Johann*: Bischof von Graz-Seckau (1969–2001), geboren am 26. April 1927 in Graz, Österreich

*Weingartner, Josef*: Probst von Innsbruck (1921–1956), geboren am 10. Februar 1885 in Dölsach, Osttirol, Österreich; gestorben am 11. Mai 1957 in Meran, Südtirol, Italien

Weirather, Georg: k. w. A.

*Weiser, Hans* (Johann): bischöflicher Kaplan, geboren 29. Mai 1912 in Bruneck, heute Südtirol, Italien; k. w. A.

*Wetter, Friedrich*: Kardinal und Erzbischof von München und Freising (1982–2008), geboren am 20. Februar 1928 in Landau in der Pfalz, Deutschland

# Quellenverzeichnis

## Bücher

Augustin, Hans (Red.): *Reimmichls Volkskalender 2013.* Tyrolia Verlag, Innsbruck–Wien 2012

Batlogg, Andreas R./Egger, Klaus (Hg.): *Dank an Reinhold Stecher – Perspektiven eines Lebens, Festgabe zum 80. Geburtstag.* Tyrolia Verlag, Innsbruck–Wien 2002

Egger, Klaus (Hg.): *Reinhold Stecher – Mit gläubigem Herzen und wachem Geist, Begegnungen mit Land und Leuten.* Tyrolia Verlag, Innsbruck–Wien 2014

Gehler, Michael (Hg.): *Tirol – Land im Gebirge, Zwischen Tradition und Moderne* (3. Bd. d. Reihe: Geschichte der Österreichischen Bundesländer seit 1945, hrsg. v. R. Kriechbauer u. a.). Böhlau Verlag, Wien–Köln–Weimar 1999

Glechner, Christian: *Verfolgung ist ein charakteristisches Zeichen für die Echtheit der Kirche – Märtyrer seit der Neuzeit und die Aktualität ihres Zeugnisses.* Dissertation zur Erlangung des Doktorats an der Theologischen Fakultät der Universität Wien, 2010

Gstrein, Heinz: *Engelswerk oder Teufelsmacht, Hintergründe über eine Grauzone kirchlicher Aktivitäten – Neues Heil oder innerkirchliche Sekte.* Edition Tau, Mattersburg–Katzelsdorf 1990

Ingenhaeff, Wolfgang: *Lehrer, Richter, Hirten – Die Bischöfe Tirols.* Tiroler Pressegesellschaft m. b. H. & Co. KG, Innsbruck 1981

Justic, Josefine: *Innsbrucker Straßennamen – Woher sie kamen und was sie bedeuten.* Tyrolia Verlag, Innsbruck–Wien 2012

Kaiser, Ferdinand (Hg.): *Täter, Mitläufer, Opfer – Sechzehn Reden über Österreich.* Kulturverlag, Thaur 1993

Kapferer, Martin (Hg.): *Notae – Historische Notizen zur Diözese Innsbruck.* Verlag Kirche, Innsbruck 2014

Kolozs, Martin: *Karl Rahner – Innsbrucker Jahre.* Universitätsverlag Wagner, Innsbruck 2014

Kunzenmann, Werner (Red.): *Pfarrer Otto Neururer – Ein Seliger aus dem KZ, Dokumentation.* Verlag Kirche, Innsbruck 2004 (3. Auflage)

Kunzenmann, Werner (Red.): *Judenstein – das Ende einer Legende, Dokumentation.* Verlag Kirche, Innsbruck o. J.

Ladurner, Paul (Hg.): *Reinhold Stecher – Alles hat seine Zeit.* Tyrolia Verlag, Innsbruck–Wien 2014

Massiczek, Albert: *Briefwechsel mit dem Bischof von Tirol DDr. Paul Rusch über die Ritualmord-Festspiele in Rinn in Tirol.* Wien 1963 (2. Auflage)

Melzer, Kaplan Gottfried: *Das selige Kind Andreas von Rinn – Ein wahrer Märtyrer der katholischen Kirche.* Verlag Pro Fide Catholica 1989

Rusch, Paul: *Waage der Zeit, Wege der Zeit – Erfahrungen, Erkenntnisse, Wege.* Tyrolia Verlag, Innsbruck–Wien 1983

Sackl, Walter W. (Red.): *Reimmichls Volkskalender 1988.* Tyrolia Verlag, Innsbruck–Wien 1987

Sackl, Walter W. (Red.): *Reimmichls Volkskalender 1990.* Tyrolia Verlag, Innsbruck–Wien 1989

Stecher, Reinhold: *Darstellung und Begriff der persönlichen Weisheit in den Proverbien.* Dissertation zur Erlangung des Doktorats an der Theologischen Fakultät der Leopold-Franzens-Universität in Innsbruck, 1951

Stecher, Reinhold: *Ein Singen geht über die Erde – Österliche Bilder und Gedanken.* Tyrolia Verlag, Innsbruck–Wien 1993

Stecher, Reinhold: *Geleise ins Morgen.* Druck- und Verlagshaus Thaur GmbH, Thaur–Wien–München 1995

Stecher, Reinhold: *Fröhlich und ernst unter der Mitra.* Tyrolia Verlag, Innsbruck–Wien 1997

Stecher, Reinhold: *Augenblicke – Rückblicke, Ausblicke.* Tyrolia Verlag, Innsbruck–Wien 2003

Stecher, Reinhold: *Botschaft der Berge.* Tyrolia Verlag, Innsbruck–Wien 2009 (15. Auflage)

Stecher, Reinhold: *Spätlese.* Tyrolia Verlag, Innsbruck–Wien 2013 (5. Auflage)

Stecher, Reinhold: *Liebe ohne Widerruf.* Tyrolia Verlag, Innsbruck–Wien 2013 (13., neu gestaltete Auflage; Originaltitel: *Begegnungen auf Mittelwelle,* 1965)

Szanya, Anton (Hg.): *Durch Reinheit zur Einheit – Psychoanalyse der Rechten*. StudienVerlag Innsbruck, 1999

Tiroler Bauernbund (Hg.): *Tiroler Bauernkalender*. 1980

Tiroler Tageszeitung u. a. (Hg.): *Tirol hautnah erleben – Zeitzeugen im Gespräch*. Haymon Verlag, Innsbruck–Wien 2012

Weber, Hubert Philipp/Lesacher Erhard (Hg.): *Lesebuch Konzil – Texte des Zweiten Vatikanischen Konzils*. Dom Verlag, Wien 2012

Weingartner, Wendelin: *Nachdenken über Tirol*. Haymon Verlag, Innsbruck 1993

Zeit – Raum – Innsbruck, Schriftenreihe des Innsbrucker Stadtarchivs: *Innsbruck 1938–1945, Vom Anschluss bis zum Kriegsende*. Begleitheft zur Dauerausstellung *Einblicke in die Stadtgeschichte*, Innsbruck 2003

## Filme

*Mein Innsbruck – Bischof Reinhold Stecher erinnert sich*
Tiroler Bildungsinstitut Medienzentrum & Tyrolia Verlag, Innsbruck 2010

*Im Gewöhnlichen außergewöhnlich gut: Der selige Pfarrer Otto Neururer – Ein Gespräch mit der Notarin im Seligsprechungsprozess Frau Beate Fink*
CJ-Media 2010

## Sonstige

Diözesanarchiv Innsbruck
Archiv der Tiroler Franziskanerprovinz, Hall in Tirol
Schularchiv des Akademischen Gymnasiums Innsbruck
Stadtarchiv & Stadtmuseum Innsbruck
Innsbrucker Zeitungsarchiv, Universität Innsbruck
Tiroler Landesmuseum Ferdinandeum, Bibliothek, Innsbruck
Österreichische Nationalbibliothek, Wien
Universitäts- und Landesbibliothek Tirol, Innsbruck
Katholisch-Theologische Fakultät, Bibliothek, Universität Innsbruck
diverse Medienarchive

# Bildnachweis

Detail Parte: 98 r. o.
Diözesanarchiv Innsbruck: 100 o.
EXPA/APA/picturedesk.com: 111 o., 112
Johann Groder/EXPA/picturedesk.com: 109
L' Osservatore Romano, Arturo Mari: 106
Martin Kolozs: 56, 77, 98 l. u. 101, 104 o., 104 u., 110, 111 u.
Martin Kolozs (Archiv der Tiroler Franziskanerprovinz, Hall in
Tirol): 15, 41, 42, 97, 98 l. o., 98 r. u., 108 o., 108 u.
Martin Kolozs (Tiroler Landesmuseum Ferdinandeum Innsbruck,
Bibliothek): 73, 75, 105
Roland Schlager/APA/picturedesk.com: 107
Schularchiv des Akademischen Gymnasiums Innsbruck: 25, 99,
100 u.
Stadtarchiv & Stadtmuseum Innsbruck: 11, 102 o., 102 u., 103

## Dank des Autors

Bischof Reinhold Stecher hatte nie vor, eine Autobiografie zu schreiben, ja, er verwehrte sich regelrecht gegen den Gedanken daran. Zu mir persönlich hat er einmal gesagt, er wolle auch nicht, dass man zu seinen Lebzeiten ein Buch über ihn schreibt, aber was man danach tun würde, wolle er nicht bestimmen: „Wer sich die Mühe machen will …"

Ich wollte, und bin froh über jede einzelne der Hunderten Arbeitsstunden, die ich in Archiven, Bibliotheken, Instituten, Kirchen, Klöstern und vor allem an meinem Schreibtisch verbracht habe, denn ich lernte dadurch einen Menschen kennen, für den ich zwar als Kind im Dom St. Jakob ministriert habe und dem ich auch als Schüler des Paulinums mehrmals begegnet bin, aber der mir erst durch das intensive Studium seiner Person und seines vielschichtigen Werkes wirklich nähergekommen ist.

Deswegen gilt mein erster Dank ihm – Bischof Reinhold Stecher – dafür, dass ich von ihm lernen und (neu) verstehen durfte.

Dank schulde ich auch all denjenigen, die Bischof Reinhold Stecher nicht nur persönlich, sondern privat gekannt haben und die in dieser Lebensbeschreibung dieses oder jenes vermissen, aber mit Nachsicht darauf reagieren, weil sie wissen, dass ein Leben – egal welches – zu vieles birgt, um es erschöpfend wiedergeben zu können.

Weiters danke ich dem Verlag und seinen Mitarbeitern für die Zusammenarbeit sowie allen, die mir bei der Recherche geholfen haben, sei es, indem sie mich auf Quellen aufmerksam machten oder einfach Kopien anfertigten.

Für die Geduld mit mir und das Verständnis für meine zeitweilige geistige Abwesenheit danke ich Carina – ihr widme ich dieses Buch.

Dieses Buch versammelt die Gebete von 130 Persönlichkeiten aus Kirche, Gesellschaft, Politik und Kultur aus dem gesamten deutschen Sprachraum für Papst Franziskus. Darunter sind die Kardinäle Christoph Schönborn und Walter Kasper, der österreichische Außenminister Sebastian Kurz, der Musiker Hubert von Goisern und der Präsident des Zentralkomitees der deutschen Katholiken, Alois Glück, aber auch Autoren aus den Geschwisterkirchen und aus dem Judentum.

*„Es sind Gebete aus ehrlicher Sorge um Glaube und Kirche, Gebete, die die Anliegen und die Reformbestrebungen des Papstes unterstützen. Es sind persönliche Gebete aus unterschiedlichen Blickwinkeln; viele unterschiedliche Gedanken, die sich wie Mosaiksteine zu einem großen Gebet zusammenfügen; ein Geschenk, das man sich selbst und anderen machen kann."* (Gerda Schaffelhofer, Herausgeberin)

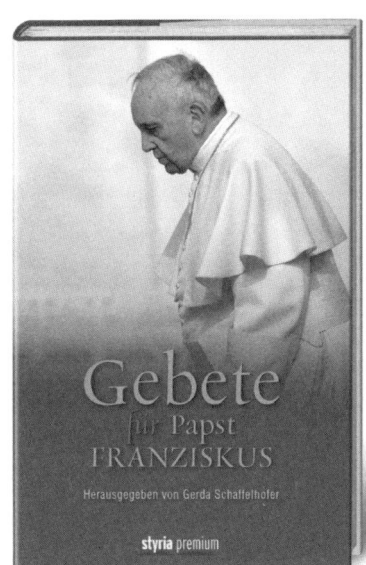

**GEBETE**
**für Papst Franziskus**
Hrsg. v. Gerda Schaffelhofer

280 Seiten; Geb.m.SU; € 19,99
**ISBN 978-3-222-13468-5**

**styria** premium

Zwischen Individualisierung und Egotaktik ist die Kirche heute eine von vielen Stimmen auf dem Markt der Heilsangebote. Umso wichtiger wird eine Pastoralarbeit, die die Lebenssituation der Menschen entschieden vom Blickwinkel Gottes her betrachtet. Die Aussagen von Papst Franziskus verleihen – gestützt auf die Botschaft der Bibel – zudem einem Verständnis von Kirche Auftrieb, die eine neue Einfachheit und Bescheidenheit lebt und an die Ränder der Gesellschaft geht.

Eine Pastoral, die physische und vor allem spirituell-geistige Räume schafft, in denen sich Heilung und Versöhnung ereignen können, muss die samaritanische, die prophetische, die familiäre, die kontemplative und die missionarische Dimension mit einschließen. All diese Parameter bestimmen die Pastoralarbeit des neuen Jahrtausends, über deren Herausforderungen Bischof Benno Elbs reflektiert.

**Benno Elbs**
**IM STALLGERUCH DER SCHAFE**
Wege pastoraler Arbeit im 3. Jahrtausend

208 Seiten, Geb.m.SU; € 19,99
ISBN 978-3-222-13462-3

**styria** premium

Wie wurde aus einem Bauernbub einer der einflussreichsten Kardinäle der Welt und ein Mitgestalter des Zweiten Vatikanums? Warum ist Kardinal Franz König auch elf Jahre nach seinem Tod und 110 Jahre nach seiner Geburt derart präsent? Wie konnte er sich als Kirchendiplomat und Seelsorger bewähren? Und was zeichnete seine große Menschenkenntnis aus? Dieses Buch folgt den Spuren Kardinal Franz Königs. Fünfzig Zeitzeugen und Wegbegleiter erinnern sich nicht nur, sondern sprechen auch erstmals offen über Hintergründe und brisante Themen: Ständestaat, Politik und Kirche, Weltkirche, Fristenregelung, Gewerkschaft, Suspendierung, päpstliche Stärken und Schwächen, Intrigen. Ein Zeitdokument, das Zusammenhänge aufzeigt und Auswirkungen nennt, die bis in die Gegenwart reichen. Kardinal König war seiner Zeit weit voraus und traf auf Ängste und Widerstände. Seine Haltung und sein Mut erinnern heute an Papst Franziskus.

**Thomas J. Nagy**
**KÖNIG - KAISER - KARDINAL**
Auf den Spuren von Kardinal Franz König

Ca. 336 Seiten, Geb.m.SU; € 24,99
**ISBN 978-3-222-13489-0**

**styria** premium

ISBN 978-3-222-13490-6

**sty：ria**

Wien – Graz – Klagenfurt
© 2015 by *Styria Premium* in der
Verlagsgruppe Styria GmbH & Co KG
Alle Rechte vorbehalten

Bücher aus der Verlagsgruppe Styria gibt es
in jeder Buchhandlung und im Online-Shop

**styria**books.at

*Lektorat:* Elisabeth Wagner
*Covergestaltung:* Bruno Wegscheider
*Coverbild:* Johann Groder/EXPA/picturedesk.com

*Druck und Bindung:*
Druckerei Theiss GmbH, St. Stefan im Lavanttal
7 6 5 4 3 2 1
Printed in Austria